가능한 교회

가능한 교회

엄명섭 목사 · 주안교회 성도 지음

목차

1장 깨어진 그릇

2장 예수님을 담은 그릇

3장 주안 질그릇 이야기

김인혀 교수 (사우스웨스턴침례신학대학원 조직신학)

3세기 교부였던 씨프리안(Cyprian)은 "그리스도께서 계신 곳에 교회가 있다 ubi Christus ibi ecclesia"라는 교회에 대한 유명한 정의를 남겼습니다. 이것을 신학적 용어로 '교회의 내적 표지 the internal mark of the church'라고 합니다. 이 정의는 교회의 정체성과 근본이 그리스도라는 점을 너무 잘 표현한 것이지만, 중요한 질문을 이끌어 옵니다: "과연 그리스도께서 계신 것을 어떻게 알 수 있는가"라는 질문입니다. 대부분의 기독교 교회는 자신의 교회에 그리스도께서 계신다는 것을 전제로 하고 주장하지만, 우리는 경험적으로 이 주장에 동의하기 어렵습니다. 그래서 "교회의 외적 표지 the external signs of the church"를 정의함으로 이 질문에 답하게 되었습니다. 종교개혁자들이 공통적으로 주장하는 참된 교회의 외적 표지는 '하나님 말씀의 바른 선포 right proclamation of the word of God'와 '성례의 올바른 집행 right administration of the sacraments' 입니다. 여기에 근원적 개혁자(radical reformers)는 '제자들의 언약적 공동체 the covenanted community of disciples'를 더합니다. 이 표지들을 참된 교회가 되기 위한 최소한의 요구 ecclesial minimum라고 합니다.

교회는 인간의 죄성과 세속의 세계관의 도전으로 지속적으로 그 정체성에 도전을 받아 왔습니다. 특히 극단적 개인주의와 주관주의, 그리고 세속화와 현세주의 등으로 특징지어지는 포스트모던 시대인 현 시대는 "우는 사자"와 같이 교회의 정체성과 순수성을 삼키려 하여, 교회의 위기가 날로 깊어갑니다. 만약 이 도전을 이기고 교회의 정체성을 지키려면 ecclesial minimum에 대한 깊은 숙고와 전적인 수용으로 시작한 교회의 지속적인 개혁을 해야만 합니다. 어두워만 가는 시대만큼 어두워져 가는 교회이지만, 주님께서는 아직도 교회의 횃불을 곳곳에 켜 놓으셔서 교회가 어둠에 함몰되지 않게 하실 뿐만 아니라, 결국 교회를 통해 이 어둠을 이기게 하신다는 소망을 심어 주십니다. 내가 아는 주안교회는 그 횃불 중 소중한 하나입니다.

주안교회의 지난 15년은 바로 이 ecclesial minimum을 의도적이고 신실하게 궁구하고 지키려는 노력이었다고 생각합니다. 그 증거와 체험이 바로 이 책입니다. 목차만 보아도 ecclesial minimum의 요소에 맞추어 작성되었을 뿐만 아니라, ecclesial minimum이 주안교회가 더욱 나아가려는 방향이자 자신을 평가하는 기준이었음을 알 수 있게 됩니다. 주 안에서 사랑하는 신실한 동역자인 엄명섭 목사님과 주안교회 공동체는 참된 교회를 이뤄가는 순례자입니다. 혼자 갈 수 없는 길을 주안교회는 함께 가는 아름다운 공동체입니다. 이 공동체의 신앙과 체험을 이 책에서 만날 수 있습니다. 그러므로 이 책은 ecclesial minimum을 고양하여 그리스도의 참된 교회를 이루어 가자는 숭고한 여정에 당신을 초대하는 초대장입니다.

To God the Trinity only be the glory forever and ever

◈ 추천사

이혁 목사 (주님의교회 담임, 말씀선교센터 대표)

주안교회가 설립 15주년을 기념하는 책을 발간했습니다. 이 책에는 엄명섭 목사님과 주안교회 성도가 15년간 성경적 교회를 이루기 위해 애써온 흔적들이 담겨 있습니다. 이 책에서 성경적 교회의 원리뿐 아니라 그 교회를 이루려는 많은 실천적 대안들을 발견할 수 있을 것입니다. 눈물과 땀으로 수고한 모습을 충분히 알 수 있습니다.

책 발간의 의미

저는 주안교회가 이 책을 발간하여 그동안 성경적 교회로의 여정을 글로 남긴 것을 귀하다고 생각합니다. 이는 더욱더 성경적 교회로 나아가겠다는 다짐이기도 하고, 그동안 받은 은혜를 다른 이들과 나누려는 것이기 때문입니다. 이 책을 읽는 많은 사람들은 교회를 생각하며 마음이 뜨거워질 것입니다. 그리고 어느 한 교회가 하나님이 기뻐하시는 교회를 세우기 위해 얼마나 애썼는지를 알 수 있을 것입니다.

지금은 교회의 영광이 많이 가려진 시대입니다. 교회에 대한 기대를 많이 잃어버린 것 같기도 합니다. 적당주의가 대세입니다. 성경에서 말하는 '그 교회'를 이루려고 애쓰지 않습니다. 그저 그런 교회로 만족할 수밖에 없다고 체념합니다. 그러나 이 책은 그러지 말자고 외칠 뿐 아니라 그럴 수 없다는 것을 증언합니다. 다시 한번 해 보자고 격려합니다.

성경적 교회

주안교회가 세우려고 애써왔던 교회는 '성경적 교회'입니다. 성경적 교회는 하나님의 말씀인 성경에서 말하는 그 교회입니다. 하나님의 백성이자 그리스도의 몸이요 성령의 전인 교회입니다. 하나님이 구원하신 하나님 나라의 백성이 교회입니다. 옛 언약 백성과는 다릅니다. 예수 그리스도의 십자가 사역으로 인해 모든 은혜를 받은 하나님의 새 언약 백성입니다. 그리스도 안에서 그리스도의 몸이자 한 몸 한 가족으로 재창조 된 거룩한 백성입니다. 성령께서 함께하시는 거룩한 공동체입니다.

만일 교회의 영광이 어떠한지 본다면 그것을 꿈꾸지 않을 수 없습니다. 주안교회는 그 영광을 보았습니다. 그래서 15년간 함께 교회를 건설할 수 있었고 이렇게 훌륭하게 기록을 남길 수 있었을 것입니다. 그래서 그리스도 안에서 복음에 충만하여 하나님을 사랑하고 진실로 예배하며, 그 뜻을 따라 한 몸 한 가족으로 살아간 것입니다. 다른 사람을 위해 자신의 인생을 내어주며 우리를 위해 자신을 내어주신 십자가의 길을 걸어간 것입니다.

3대 표지

주안교회 15주년을 기념하는 이 책의 특징은 참된 교회의 3대 표지를 전면에 내세웠다는 점입니다. '말씀의 순수한 선포', '성례의 올바른 집행', '권징의 신실한 시행' 이 세 가지는 종교개혁 이후로 참된 교회의 표지로 여겨져 왔습니다. 이중에 제일 중요한 것은 말할 것도 없이 '말씀의 순수한 선포'입니다.

제가 확실히 말씀드릴 수 있는 것은, 엄명섭 목사님은 성경이 하나님의 말씀인 것을 확고히 믿고 그 말씀을 온전히 선포하기 위해 애써왔다는 사실입니다. 그리고 그 결과가 15년 차의 주안교회인 것입니다.

제가 엄 목사님을 안지는 거의 20년 가까이 된 듯합니다. 엄 목사님이 전도사로 섬기던 시절부터 알았고 '아나톨레' 그리고 현 '한책의사람들'에서 지금까지 교제해 왔습니다. 함께 성경을 연구했고 함께 '성경적 지도자'의 꿈을 꾸어왔습니다. 성경적 지도자는 성경적 교회를 세우는 사람이니, 교회 이야기를 하는 것은 당연했습니다. 그러면서 각각 교회를 개척했습니다. 성경적 교회는 늘 우리의 화두였습니다. 정회원 제도부터 사사로운 훈련까지 같이 나눴습니다. 그렇기에 이 책에서 나누는 이야기가 참으로 반갑습니다. 함께 나누었던 것의 또 다른 모습을 볼 수 있기 때문입니다.

이 책을 쓰면서 3대 표지를 전면에 내세웠다는 것은 엄 목사님과 주안교회가 얼마나 성경적 교회를 소망했는지를 잘 알 수 있게 합니다. 특히 '권징'은 이 시대에 거의 사라진 유물(?)처럼 여겨지는데 그것을 회복했다는 것에 주목할 필요가 있습니다. 주안교회가 성경적 교회로 확고히 세워져 가고 있다는 증거입니다. 이 책을 찬찬히 읽을 필요가 있습니다.

정회원 제도

이 책의 또 하나의 특징은 '정회원 제도'입니다. 정회원 제도는 제가 섬기는 주님의교회에서 먼저 시작했습니다. 주안교회에서 이를 귀하게 여겨 함께함으로 정회원 제도를 훨씬 더 꽃피웠습니다. 함께 이루어 나간 것입니다.

정회원 제도는 교회의 회원의 의무와 권리를 분명히 하려는 제도입니다. 처음 교회에 등록할 때부터 교회의 관할과 치리에 복종할 것과, 교회의 회원으로서 의무와 권리를 바르게 행할 것에 대한 서약을 요구합니다. 이미 세례 받을 때 행한 서약을 지키면 되는 것입니다. 교회로서 함께 살아가겠다고 서약하면 교회의 회원이 됩니다. 그리고 함께 한 몸 한 가족으로 서로를 의지하며 살아갑니다. 원래 교회는 이래야 했으나 안타깝게도 현재는 많이 사라진 모습입니다.

정회원 제도는 성경적 교회의 중요한 토대입니다. 정회원 제도가 시행되어야 교회의 치리가 올바로 작동합니다. 함께 같은 말씀을 배우고 한 믿음 안에 섭니다. 함께 죄와 싸우고 거룩한 백성으로 서고자 애씁니다. 누가 우리의 지체요 가족인지 분명히 알 수 있습니다. 믿음으로 서약했기에 함께 사명을 감당합니다. 3대 표지가 생생하게 실현되는 것입니다. 정회원 제도가 있기에 주안교회는 성경적 교회로 우뚝 서고 날마다 한 걸음 더 전진해 왔으리라 확신합니다.

정회원 제도 위에 3대 표지를 쌓아가는 주안교회는 이 시대에 보기 드문 아름다운 교회입니다. 모든 성도가 영광스런 교회를 함께 이루어가고 있습니다. 기초가 튼튼하고 그 위에 세운 건물이 견고하니 앞으로가 더 기대됩니다. 벌써 15주년의 수고를 기록한 이 책에 이어 더 풍성한 '그 다음 책'이 그려집니다.

성도들의 수고

교회는 모든 성도에 의해서 세워집니다. 담임 목사님이 많이 애쓰고 노력하겠지만 그에 못지않게 모든 성도들도 수고합니다. 그래야 교회가 제대로 움직이기 때문입니다. 주안교회 모든 성도들의 수고가 이 책에 기록되어 있다고 할 수 있습니다.

성경적 교회를 이루고자 했던 어떤 시도들은 부담스러웠을 것입니다. 그냥 기존 교회에서 하던 대로 하는 것이 편했을 테니 말입니다. 그러나 주안교회는 순종했을 뿐 아니라 오히려 더욱 열심히 성경적 교회를 이루어왔습니다. 결과도 좋지만 그 순종과 수고와 애씀이 더욱 빛납니다. 아마도 주안교회는 모든 성도가 수고하며 함께하려는 노력만으로 이미 성공한 교회요 성경적 교회입니다.

하나님의 은혜

무엇보다도 가장 크게 말해야 하는 것은 하나님의 은혜입니다. 담임목사와 모든 성도의 수고가 크더라도 하나님의 은혜를 넘어설 수는 없습니다. 아니 그 수고 자체가 은혜입니다. 우리가 무엇이라고 감히 교회를 위해 수고할 수 있겠습니까? 다 은혜입니다.

이 책은 하나님의 은혜에 대한 찬양입니다. 하나님의 은혜를 바라보기 시작할 때 사람에 대한 생각이 작아 보일 것입니다. 성경적 교회로의 15년 여정의 여러 이야기에 그 은혜가 빼곡히 담겨 있습니다. 더 정확히는 주안교회 성도들의 예배와 찬양의 고백일 것입니다. 책의 독자들도 함께 참여하는 찬양 말입니다.

교회의 주인이신 우리 주 예수 그리스도를 찬양합니다. 그리스도 안에서 교회를 자기 소유 삼으신 하나님을 찬양합니다. 그리고 책의 출간을 축하합니다. 성경적 교회를 꿈꾸는 많은 분들에게 참으로 유익하리라 믿습니다. 마지막으로 주안교회 성도들에게 수고하셨다고 말하고싶습니다. 아마도 이 책은 그 수고에 대한 큰 격려와 축하가 될 것입니다.

주 안에서 한 교회이자 동역자인 **이혁 목사**

조동선 교수 (한국침례신학대학교 조직신학)

주안교회 창립 15주년을 맞아 엄명섭 목사님과 주안교회 모든 성도님에게 축하드립니다.

성경이 가르치는 대로 하나님과 성도들 간에 언약을 맺어 서로에게 헌신하는 멤버십을 기초로 교회를 세워 오셨습니다. 어렵기 때문에 알면서도 가지 않으려는 성경적 교회의 길을 당당히 걸어오신 주안교회에게 "순종이 제사보다 낫다"는 말씀의 복이 충만하게 임하시길 바랍니다.

15주년을 맞아 지금까지 교회가 성경 연구를 통해 확신하게 된 교회의 여러 실행들에 대해 되돌아보시는 시간을 갖는 것은 참으로 의미 있는 것입니다. 성경 역시 하나님의 언약 백성들이 걸어 온 역사에 대한 기록을 담고 있습니다. 기록된 역사는 단순히 과거에 대한 회상이 아니라, 언약 공동체를 이끌어 오신 하나님의 주권적인 인도하심을 다음 세대에게 신앙의 유산으로 전달하는 역할도 합니다.

이스라엘과 신약 교회라는 언약 공동체의 역사를 보면 때로는 기쁘고 영광스러운 순간도 있었지만 다른 때에는 고통스럽고 부끄러운 순간도 있었습니다. 이 땅의 모든 새 언약 공동체인 교회도 그렇습니다. 그리고 이스라엘과 교회를 통해 자신의 영광을 나타내시고 사람들을 구원하신 하나님의 역사가 21세기 이곳 한국 천안에서 주안교회를 통해 계속되고 있다는 것입니다.

저는 주안교회 교인도 아니고 주안교회가 속한 교단의 목회자도 아니지만 성경적 교회의 모습을 회복하고 실천해 가시려는 주안교회를 사랑하며 기도하고 있습니다. 앞으로 주안교회를 통해 한국에 성경적인 언약적 멤버십을 기초로 하는 교회들이 더 많아 지길 바랍니다. 다시 한번 주안교회의 창립 15주년을 주님의 이름으로 축하드립니다.

◆ 서문

　주안교회를 세우시고 지금까지 인도하신 하나님께 감사를 드립니다. 주안교회는 2006년 9월 천안시 쌍용동의 한 지하에서 시작되었습니다. 15년의 세월은 목회 초보에게 긴 시간이었습니다. 그러나 아직 목회의 초보를 떼기에 여전히 부족하다고 생각됩니다. 그럼에도 불구하고 주안교회가 꿈꾸고 걸어왔던 성경적 교회의 이야기를 나누고자 용기를 내어 성도들과 함께 15년의 길을 되돌아보고 글로 정리하였습니다.

　종교개혁 이후로 교회가 제시한 참된 교회의 표지는 세 가지입니다. 참된 교회의 첫 번째 표지는 말씀의 바른 선포입니다. (교회는 초대교회부터 성령의 영감으로 주어진 성경을 권위 있는 말씀으로 인정하였습니다.) 교회는 하나님의 말씀인 성경을 하나님의 뜻대로 바르게 가르치는 것을 참된 표지로 생각하였습니다. 두 번째 표지는 올바른 성례의 집행입니다. 은혜는 주님이 제정하신 성례를 통하여 전달됩니다. 세 번째 표지는 권징의 실천입니다. 권징의 목적은 성도가 거룩함을 유지하기 위함입니다. 신앙의 위대한 선배들도 이를 지지했습니다. 칼빈은 교회의 참된 표지를 말씀, 성례, 권징이라 하였고, 루터와 웨슬리는 참된 교회의 표지를 말씀과 성례로 말합니다. 물론 루터와 웨슬리가 권징을 포함하지 않았다 하여 권징을 부정한 것이 아닙니다. 로이드 존스 목사는 웨슬리를 권징의 사람으로 칭할 정도로 그는 거룩한 교회를 보호하기 위해 애썼습니다.[1]

　주안교회의 15년 역사는 성도들과 함께 애써 온 시간이었습니다. 말씀의 순수한 전파를 위해 예수 그리스도의 형벌 대속 십자가 복음을 설교하고, 성도들은 순수한 말씀을 바르게 이해하기 위해 성경을 연구하였습니다. 성례의 올바른 집행을 위해 복음을 교육하고 세례 교육을 철저히 하고자 했습니다. 예수 그리스도의 몸과 피를 상징하는 성찬을 귀히 여기고 '한 몸으로 살겠노라.' 고백하며 자기를 살피는 자에게 성찬을 베풀었습니다. 권징의 신실한 시행을 위해 교회의 거룩함을 위협하는 죄를 지으면 권고하였습니다. 그래도 돌아서지 않으면 몸이 찢기는 고통을 감수하며 땅에서 묶으면 하늘에서 묶임을 믿고 징계하였습니다. 형제가 회개하고 돌아올 때는 징계를 해제함으로 땅에서 풀어, 돌아온 탕자 비유처럼 하늘의 기쁨을 공유했습니다. 이것이 주안교회 15년 세월의 흔적입니다. 하나님은 참된 교회를 지향하는 교회의 몸부림을 긍휼히 여기셨고 이러한 내용을 나눌 수 있도록 은혜를 주셨습니다.

주안교회의 15년 역사를 돌아보며 동시에 한국교회가 처한 어려운 현실 앞에서 안타까운 마음이 있는 것도 사실입니다. 그러다 보니 일부 한국교회의 약한 부분을 모질게 드러냈습니다. 그러나 이는 바리새인과 같은 비판이 아니라, 참된 교회로의 회복을 위한 뼈아픈 자기 성찰이며 충정어린 외침임을 고백합니다.

저는 꿈을 꿉니다. 예수 그리스도 십자가 복음의 순수한 말씀이 주일마다 선포되는 교회를 꿈꿉니다. 예배에 참여한 성도가 귀 기울여 생명의 말씀을 듣고, 또 집에 돌아가 들은 말씀을 한 주의 양식으로 삼아 날마다 상고하는 교회입니다. 성례가 올바르게 시행되는 교회를 꿈꿉니다. 중학교 2, 3학년이 되면 관례적으로 세례를 주는 교회가 아닌, 자신이 주 예수 그리스도를 믿음으로 그리스도와 연합하여 죄에 대해 죽고 의에 대해 살아있음을 교회를 통해 점검받은 자에게 베풀어지는 세례를 꿈꿉니다. 또한 십자가 복음을 생생하게 드러내는 성찬을 통해 십자가 복음을 눈으로 보며 먹고 마시고 오감으로 체감하면서 믿음과 복이 충만해지는 성찬이 지금보다 훨씬 자주 시행되길 꿈꿉니다. 권징이 신실하게 시행되는 교회를 꿈꿉니다. 교회 내에 죄가 나타났을 때 사람과의 관계보다 하나님과의 관계를 더욱 소중하게 생각하여 권징을 시행하는 그런 교회를 꿈꿉니다. 언약 관계 안에 있는 형제를 얻기 위해 권고하는 교회, 그가 권고를 거절할 때 한 몸에서 떨어져 나가는 아픔을 느끼며 두 세 사람이 모인 작은 교회더라도 주님이 주신 권세를 믿고 땅에서 묶으면 하늘에서도 묶인다는 것을 믿고 권징을 행하는 교회를 꿈꿉니다.

이 책은 성경에 그려진 교회를 꿈꾸는 한 교회의 성장 일기입니다. 독특한 교회도 아니요, 규모가 큰 교회의 이야기도 아닌 성경적 교회를 꿈꾸는 소박한 교회의 이야기입니다. 오늘 이 시대의 교회 모습을 보면서 성경을 살피고, 성경을 연구하며 우리 문제의 근원을 치열하게 고민하는 것으로부터 이 이야기는 시작됩니다. 1장 '깨어진 그릇'에서는 먼저 회원 제도를 다루었습니다. 성경적 교회로 회복되기 위한 핵심 요소가 회원 제도라고 믿기 때문입니다. 그리고 우리가 경계했던 한국교회의 아픈 부분을 살폈습니다. 누가 교인인지, 교회가 무엇을 드러내야 하는지 모를 때 나타나는 현상들을 조금은 거칠게 드러냈습니다. 그러나 앞서 말씀드렸듯이 한 발 전진하기 위한 비판입니다. 병든 교회론에서는 일부 한국교회의 문제점을 좀 더 자세하고 체계적으로 정리하였습니다. 특히 소비주의, 성장주의, 개인주의, 자유주의를 한국교회 병폐의 주원인으로 설명했습니다. 이러한 흐름에 부응하듯 청중을 소비자로 인식하여 청중이 좋아하고 듣고 싶어 하는 설교를 하는 소비자주의적인 설교, 한 영혼의 귀중함보다 모인 수가 더 중요한 성장주의적인 설교, 개인의 신앙에만 집중하게 하는 개인주의적인 설교, 세상을 모델

삼아 좇아가는 세속적인 설교의 흐름을 기술하여 병든 교회를 만드는 것에 목회자도 동조하고 있음을 성찰해보았습니다.

2장 '예수님을 담은 그릇'에서는 성경적 교회론을 다루었습니다. 시대는 달라져도 성경에서 말하는 교회론의 뼈대는 변하지 않기 때문에 교회는 성경에서의 교회론을 기준으로 삼는 것이 중요합니다. '교회는 누가 세운 것인가'에 대한 교회의 정의와 기원, 하나님의 뜻에 순종하는 자로서의 백성의 정체성, 서로를 위해 살게 하는 한 몸 된 교회, 이 땅에서도 하나님 나라 복을 충분히 누리는 교회의 부요함에 대한 모습을 살펴보았습니다. 더 나아가 성경적 교회론이 어떻게 회원 제도 강조와 연결되는지 기술하였습니다.

3장 '주안 질그릇 이야기'에서는 주안교회의 교회론을 다루었습니다. '누가 교회의 회원인가?'에 대한 문제의식을 느끼고 '회원 제도'에 대해 연구하여 주안교회에서 적용함으로 드러낸 교회의 참된 표지를 제시하였습니다. 주 예수 그리스도의 복음을 잘 전하기 위해 어떤 노력을 하였으며 성례를 신실하게 시행하기 위해 애쓴 부분과 언약 관계에 들어와 있으면서도 거룩함을 해치는 자들을 어떻게 권면하고 징계하였는지 등을 정리하였습니다. 구체적으로는 말씀과 성례와 권징 각각의 표지마다 다섯 가지 항목을 세우고 그 세부 내용에 대한 성경적 근거와 주안교회의 실천을 기술했습니다.

돌아보니 15년의 세월 동안 주님이 인도하셨음을 분명히 느끼며 위로를 받습니다. 아울러 회원 제도의 정립과 참된 표지의 드러냄은 특별한 교회만이 아닌 예수님께서 통치하시는 모든 교회의 본래 모습임을 더욱 확신하게 됩니다.

이 길을 어찌 주안교회 혼자 걸어갈 수 있었겠습니까. 교단의 친절한 선후배님들의 응원과 격려는 큰 힘이었습니다. 16년간 함께하며 성경에서 말하는 교회를 꿈꾸며 외쳐온 한책의사람들 간사들과 말씀운동 연합 간사들은 든든한 정신적 삼겹줄과 같았습니다.

추천사를 기쁜 마음으로 써주신 존경하는 김인허 교수님과 조동선 교수님께 진심으로 감사를 드립니다. 신학의 깊이와 목회적 섬세함으로 권면해주심으로 현장에서도 흔들리지 않도록 지도해주셨습니다. 교단을 넘어 교회를 사랑하도록 도와주신 교수님께 감사를 드립니다.

지난 20년 가까이 목회자의 모습이 어떠해야 하는지 매년, 매주, 매일 보여주신 이혁 목사님께 감사를 드립니다. 망망한 대해와 같은 목회적 혼란에서 나침반과 같이 지도자의 길과 교회의 길을 보여주셨습니다.

주안교회 성도들에게 감사를 드립니다. 이 책은 주안교회 성도들이 걸어온 흔적입니다. 칭찬받을 일이 있다면 이들이 받아야 마땅합니다. 하나님의 말씀을 생명의 말씀으로 받아들이는 주안교회 성도들로 인해 저의 수많은 약점과 부족함이 가려졌습니다. 지금까지 묵묵히 응원해준 아내에게도 감사를 표합니다. 아내로 인해 저의 많은 흠과 점이 가려졌음을 고백합니다.

예수 십자가의 공로를 믿는 모든 이들에게 작은 도움이 되길 바랍니다.

1장
깨어진 그릇

회원 제도와 한국교회

하나님께서는 그리스도를 죽은 자 가운데서 살리시고 그분의 발아래 만물을 복종하게 하신 능력으로 교회를 세우시고 그리스도를 교회의 머리로 삼으셨다(엡 1:22-23). 그러므로 교회는 주님의 몸이다. 교회는 주님의 몸이기에 교회의 위치는 그리스도 안이다. 그리스도와 아무 상관이 없던 자들이 그분을 믿고 그리스도 안에서 예배 공동체가 되어 성령님 안에서 서로 교제하며 한 몸으로 살아간다. 더 나아가 교회는 주님의 몸이기에 그리스도 안에 있는 모든 선하고 귀한 것을 함께 누린다. 죄 사함, 의롭다 함, 아들로 칭함 등 법적 문제만이 아닌 그리스도 예수님의 사랑, 인격, 능력, 지혜 등 모든 것을 다 부어주셔서 누리도록 하신 존재가 바로 교회다.

그런데 한국교회는 점점 약해지고 있고 위기에 처했다.[2] 교인들 숫자가 지속해서 감소하고 있어서 대책 세우기에 부심한다. 많은 예산을 집행하고 노력을 기울여 교인들이 교회를 떠나는 이유에 대해 조사하고, 교인의 필요가 무엇인지 조사한다.[3] 그에 따라 교회의 방향을 조정해 가는 노력을 계속한다. 그런데 가시적인 숫자의 변화에만 주목하는 것은 근본적인 문제 원인을 회피하는 것이다.[4] 현재의 위기는 우리가 속단하는 것과 달리 외적 이유보다는 본질적 부분에 원인이 있기 때문이다. 그래서 지금은 내면적이고 근본적인 문제를 살펴야 할 때다. 교회가 무엇인가에 대한 물음으로 돌아가야 한다.

필자는 교인의 감소 이유가 교회가 사회적 문화적 상황 변화나 교인들의 필요에 부응하지 못했다기보다는, 교회됨을 상실한 데에 있다고 본다. 즉, 교회가 무엇이며 누가 교회 회원인가를 분명히 하는 성경적 교회론을 상실한 것을 주원인으로 본다. 누가 교회 회원인가에 대한 바른 규정이 없을 때 당장은 교회의 문턱을 낮추어 교인 숫자를 늘리는 데 도움이 될 수 있을지 모른다. 그러나 신앙과 교인됨의 기준이 낮아지게 되어, 교인들이 교회 회원에 대해 바른 이해를 할 수 없게 된다. 이렇게 되면 교회 회원으로서의 고귀성과 자긍심을 갖지 못하고, 헌신하는 신앙인으로 성장하기 어려운 여러 가지 문제 상황을 초래한다.[5]

이를 정리해보면 다음과 같다. 첫째, 필수적인 지식의 부재다. 십자가 복음에 대한 무지로 교회가 그리스도 안에서 한 몸임을 알지 못한다. 이로 인해 주님의 몸 된 교회의 영광이나 하나님 나라의 복을 누리지 못할 뿐만 아니라, 세속적인 방식인 개인주의와 이기적인 삶을 당연하게 여긴다.

둘째, 성도들의 일상적인 고백의 부재다. 누가 교회에 속하여 한 몸인지를 구별하는 세례가 정당하게 시행되지 않아 교회와 비(非)교회의 구분이 희미해져 교회 안에 교회가 아닌 것들이 많이 들어왔다. 세례 서약이 그리스도와 연합한 존재로서 그리스도에 대한 고백이자 한 몸인 교회에 속해 치리(통치)를 받으며 살겠다는 서약임에도 불구하고 그런 서약의 의미가 약화되었다. 믿음을 확인하지 않고 세례를 주는 일은 더욱 비판받아 마땅하다. 역사적으로도 세례의 타락은 바로 성찬의 타락과 연결되었다. 그리스도와의 연합과 한 몸 됨을 표하는 성찬은 교회적 삶에서 큰 의미를 지니지 못하고 있다.

셋째, 삶의 부재다. 공예배에 와서 예배를 드려도 한 몸으로서가 아니라 개인의 예배로 인식한다. 성찬도 개인주의적 예전으로 바뀌었다. 이는 교제에 영향을 미친다. 한 몸으로서의 교제가 아닌 부분적 형식적 교제만 나눈다. 교제가 형식에 머무르니 한 몸임을 알아 한 몸으로 책임을 져야 하는 구제가 없이 무관심하게 살아간다. 한 몸으로서의 소속감이 없기에 치리와 권징을 거부한다.

마지막으로 약속의 부재다. 세례 시 하나님과 교회 앞에서 서약했던 약속을 지키지 않는다. 세례받기 위해 형식적으로 동의하는 모양만 취할 뿐이다. 세례 당사자도, 교회도 서약에 대해 더 이상 관여하지 않는다. 어느새 한국 기독교의 교인은 그리스도와 연합하여 교회와 서약한 존재임을 잊은 채 개인주의에 잠식되었다.

이러한 상황에서 회원 제도는 새로운 특별한 제도가 아니라 세례의 의미를 다시 살리려는 것이다. 또한 십자가 복음의 지식과 성례의 바른 시행, 한 몸으로 살아가는 모습과 교회의 보호 등을 드러내려는 것이다. 나아가 회원 제도가 세례의 영광과 교회에 속함의 기쁨을 더욱더 누리게 하는 제도이기에 개인주의와 물질만능주의가 만연한 이 시대에 점차 교회의 순기능을 회복할 것이라 소망해 본다.

물론 회원 제도가 만능은 아니다. 다만 성도들이 세례 서약에 충실하며 거룩하게 살아가도록 돕기 위한 보완적인 제도라고 할 수 있다. 그런데도 회원 제도에 대해 강조하는 것은 이것이 아니면 말씀의 순수한 선포, 성례의 올바른 집행, 언약에 근거한 권징의 신실한 시행이 힘들기 때문이다. 교회 회원을 바로 세우기 위해 회원 제도를 시행하는 것이 교회 개혁의 아주 중요한 요소이자 출발점임을 믿는다. 한국교회에 회원 제도가 정립됨으로 교회의 거룩한 표지가 잘 드러나 그리스도의 영광이 나타나기를 소망하며 이제 한국교회의 아픈 모습을 통해 주안교회가 경계했던 내용을 살피고자 한다.

깨어진 그릇 아픈 성도들 : 병든 교회론

'교회를 보며 항상 실망하고 항상 소망하라.' 필자가 자주 성도들에게 강조하는 말이다. 이는 성경의 관점으로 교회를 보아야 하며, 교회는 반드시 성경적이어야 한다는 뜻이다. 성경을 기준으로 교회를 볼 때 어쩔 수 없이 실망하게 될 것이다. 그러나 실망한다고 곧 교회를 비판하고 비방하는 것이 아니다. 실망은 실수와 부족한 것을 깨닫게 해주기에 실망한 자는 진정한 소망을 가질 수 있게 된다. 또한, 교회는 반드시 소망해야 한다. 주님이 세우신 교회가 현재의 모습 정도가 아니라는 점을 생각해야 한다는 말이다. 항상 실망하고 항상 소망하는 것은 더 나은 교회로 나가기 위한 자기 점검으로 "종교개혁의 후예는 항상 개혁해야 한다"는 말과 의미가 통한다.[6] 그러므로 본서의 시작을 '소망'의 걸음을 내딛기 위한 '실망'에서 시작하려고 한다.

먼저 교인을 소비자로 보는 '소비자 의식'에 대해 살펴본다. 이는 교회를 세운 하나님의 목적에 대한 무지에서 비롯된다. 하나님의 경륜으로 이루어낸 교회의 정체성에 대한 무지다. 하나님의 구원 경륜을 망각하고 자신의 필요가 곧 교회를 찾는 이유의 전부가 될 때 교회에는 개인주의가 만연한다.

◆ 소비자 의식 - 설교와 가르침의 약화

'나는 더 이상 공급받지 못하고 있다'는 말은
교회를 떠나기 위해 변명을 찾는 교인들의
가장 흔한 불평 중 하나다.

톰 레이너

기독교가 진리를 추구하는 장이 아닌 종교 시장으로 변질되고 있다.[7] 시장의 요구에 민감하게 반응하는 교회는 살아남고 그렇게 하지 못한 교회는 쇠퇴한다고 생각한다.[8] 왜 이런 문제가 벌어진 것일까? 존 맥아더는 '시장에 길든 태도를 교회에 와서도 적용하는 문제'를 지적한다.[9] 세상의 유행을 그대로 교회에 이식하는 사고에 빠진 것이다. 성도들이 교회에서 자신의 욕망을 성취하고자 종교 상품을 구하는 '고객' 행세를 한다.[10] 이로 인해 종교적 시장은 경쟁적이다. 이러한 태도는 교회를 자신의 필요를 채워주고 대접해주는 곳으로 인식하게 만든다. 성경에서 말하는 설교와 가르침을 통해 인간의 죄악과 죄를 용서받은 자의 마땅한 섬김에 대해 제대로 가르침 받지 못한 결과다. 소비자 의식은 설교 메시지의 변화로 이어졌다. 하나님을 도덕적이고 자신의 심리를 만족하게 해주시는 분으로 만들어 버렸다. 말씀이 지속적으로 약화 되어 마치 장사하는 사람들이 가득 찬 성전과 같이 자기 이익만을 위해 살아가는 황폐해진 교회가 되었다. 하나님을 섬기는 교회가 아닌 사람을 섬기는 교회가 되었다.

사람을 끌어오기 위한 교회

인본주의적 사상이 교회에 들어오자 세상의 종교적 개념이 교회를 지배하게 되었다. 인본주의 사상은 '사람을 위해 종교가 있는 것', 또는 '마음이 편하기 위해 교회에 온다' 등의 말로 기독교의 주권이 청중에 있다는 의식을 부추긴다. 이런 세상의 종교 개념이 교회에 들어오자 교회는 종교 시장에서 사람을 붙잡지 않으면 생존할 수 없다는 위기감이 팽배해졌다.[11] 교회 시설이 더 좋고, 오디오 시스템이 더 좋고, 교육 프로그램이 더 잘 갖춰진 곳으로 사람이 몰린다고 생각하여 과감한 투자를 한다. 복잡한 시장의 요구를 효과적으로 확인하고 반응하는 교회가 부흥한다는 의식이 생겨난다. 교회는 이런 부류의 교인을 놓치지 않기 위해 부단히 노력한다. 그런데도 이런 요구에 중점을 두고 찾아다닌 사람들은 대부분 시간이 지나면 더 좋은 곳을 찾아 쉽게 교회를 옮긴다. 마케팅주의적[12] 교회는 참된 회심과 구원에 이르는 복음을 버림으로 상품의 구매자는 얻었으나 교회와 제자도는 잃어버렸다. 기업의 경영원리를 교회에 도입해 적극적인 마케팅으로 사람들의 기호와 시야를 사로잡으려 했다. 그 결과 성경에서 말하는 신앙의 진실성에 치명적인 손상을 주었다. 교회는 마케팅을 도입함으로 하나님의 진리를 희생시켰고 영원불변하는 것과 단절시켰다. 이런 흐름에서 마케팅주의의 가벼움을 경계하며 무게감 있는 중세의 모습으로 사람들에게 접근한 이머징 교회가[13] 있지만, 진리에 바로 서지 않는다는 면에서는 대동소이하다. 이머징 교회의 특징은 반발을 염려하여 절대적 표현보다 모호한 표현을 통해 진리에 대한 구분을 흐리게 했다. 이들은 예수님에게 신실한 것이 아니라 사람을 위한 교회를 만들었다. 결국 마케팅 교회에 반발한 이머징 교회 역시 마케팅 교회의 본질적인 문제점을 해결하지는 못했다.

외형에 치중하는 교회

한국교회는 외형적으로 크게 성장했다. 그러나 구성원들의 질적 저하도 나타났다.[14] 교회는 자기 욕구 중심적, 소비 중심적 교회로 바뀌었다.[15] 질적 저하를 극복하기 위해서 교회는 복음을 본질에 충실하도록 가르쳐야 하나 막연한 두려움으로 여전히 외형에 치중하는 모습이 강하다.[16] 결과적으로 무엇이 교회에 유익한지 파악하는 분별력조차 상실했다.[17] 시대가 요구하는 것을 따라 소비의 언어로 말하고 소비의 방식으로 생각한다.[18] 이런 상황에서 교인들이 찾는 것이 신학적 건전함과 성경적 가르침이 아니라고 여기는 일부 목회자들은 그들의 선호에 맞추기 위해 외형에 치중한다.[19] 사람들의 마음을 붙잡을 만한 것이라면 그들을 놓치기 전에 교회에 들여놓는다. 세상이 소비자들을 대하듯, 교회도 소비자가 호감을 느끼도록 복음을 판매하게 되었다.20) 이 시대의 교회는 소비자인 성도의 욕구에 발 빠르게 대응하는 것이 교회다운 교회라는 교회상을 가지게 되었다.[21]

'소비자' 입맛을 맞추는 교회

이 시대의 교회는 사람들이 싫어하는 것을 극도로 조심한다.[22] 여기에는 죄도 포함된다.[23] 싫어하면 하지 않는다. 성도를 고객으로 인식하는 한 당연한 결과다.[24] 교회 성장을 위해서 하나님의 말씀보다 고객으로 전락한 교인의 입맛을 맞추는 것을 더 중요하게 여긴다.[25] 설교도 예외가 아니다.[26] 이보다 더 큰 실수가 있다. 고객으로 인식하는 사람들에게 신경을 쓰는 탓에 참된 믿음을 가진 자들을 외면하는 것이다.[27] 그 결과 교회의 서비스를 경험해 본 소비자들은 자신의 취향대로 신앙생활이 가능한 교회를 찾게 되었고 그런 교회는 많아졌다.[28] 고객은 편의점을 선택하듯 언제든 자신의 입맛에 맞는 교회를 찾아갈 수 있다.[29] 그들은 자신들의 입맛을 충족해주지 않는 교회에서는 소비하지 않는다.[30] 현대 교회는 소비자의 불만족을 두려워하고, 소비하지 않는 그들을 두려워한다.[31] 이어지는 내용에서 이러한 현상의 원인을 살펴보겠다.

◈ 교회 성장학 - 거룩한 새 언약 백성으로의 부르심에 대한 무지

교회는 그리스도가 죽음의 잠을 취하실 때
그의 옆구리에서 나온 것이다.
윌리엄 젠킨

복음은 상품이 아니다. "복음이 교회가 파는 상품이 될 수 없는 것은, 그것을 사는 소비자가 없기 때문이다."[32] 기독교에는 소비자가 없다. 사람은 다 죄인이며 신자는 죄에서 벗어났고 그분을 섬기기 위해 있다. 이들의 관심은 복음이다.[33] 그런데도 현대 교회는 복음에 관심이 있는 사람이 아닌 자신의 필요를 채우기 위한 사람들로 채워졌다. 하나님이 원하시는 교회의 거룩이 사라졌다.

언약이 실종된 교회

성경에서 언약은 하나님께서 구속사를 이루어 가시는 방법이다. 하나님은 예수님을 통하여 인류를 구속하시고 그 언약을 성취하셨다. 언약의 사전적 의미는 '두 당사자가 서로를 위해 어떤 일을 하기로 합의하여 이루어진 협약'이다. 서로를 향한 의무와 책임이 동반되는 것이 언약이다. 그런데 교회에서 언약의 약속과 실현에 대한 이해 부족, 왜곡이 나타났다. 일부 목회자들은 '그리스도 예수'의 복음을 뒷전으로 하고, 인간 중심의 감동이나 모범적 삶의 가치를 가르치는 데 몰두한다. 그들의 선포에는 거룩한 나라를 세우시고 이끌어 가시는 하나님의 언약에 대한 무지가 드러난다. 성경은 온통 '그리스도'에 대한 약속이며, 약속대로 오신 그리스도의 사역 이야기뿐인데도 말이다.

　이는 하나님의 거룩함에 대한 강조를 놓치는 결과를 가져왔다.[34] 대표적인 무지로는 그리스도 예수가 오심으로 '옛 언약'과 '새 언약'의 분기점이 생긴 것에 대한 무지, 새로운 시대가 열렸다는 것에 대한 무지, 옛 언약 시대와 질적으로 다른 교회 존재에 대한 무지다. 교회는 새 언약 백성으로서 아름답고 온전한 새 사회다. 하나님에 의해 조성된 새로운 세상이 탄생한 것에 대한 지식을 잃지 말아야 한다. 비록 지금의 모습과는 거리가 멀게 느껴지지만 이미 하나님의 나라가 시작된 것을 확신하고 완성될 그 나라를 바라봐야 한다.[35]

　그런데 이러한 성경 지식의 실종, 언약에 대한 무지함이 부르심의 상실, 거룩의 상실, 순종의 상실로 드러났다.[36] 설상가상 우리가 거듭났다고 말하면서 중생의 증거를 보여주지 못 하는 일이 생겼다.[37] 신학이 실종되었다는 우려가 나올 정도로 언약을 소홀히 다룬 결과다.[38] 언약이라는 말을 쓰지만, 그 의미가 왜곡되었고, 언약적 관계 때문에 사용되었던 형제, 자매라는 호칭도 형식화되었다.[39] 새 언약 백성은 무엇을 지켜야 하고 어떻게 지킬 수 있게 되었는지에 대한 원리와 지식을 잃어버렸다. 하나님 앞에서 공동체 앞에서 서약의 의미와 새 언약 백성의 의무를 이야기하면 부담감과 거부감을 느끼게 되었다.

'맥가브란'에 빠진 교회

　이렇게 교리의 실종을 일으킨 중심에는 교회 성장 운동을 일으킨 도널드 맥가브란(Donald McGavran)이 있다.[40] 그는 새 언약 백성의 의무와 서약을 중요하게 여기는 교회론 신학에서 벗어나 양적, 수적 성장에 초점을 맞추었다.[41] 맥가브란은 인도에서 자신의 사역이 상대적으로 부진한 것의 원인을 찾는 과정에서 이 운동의 개념을 갖게 되었다.[42] 이 이론을 확장한 사람은 피터 와그너(Peter Wagner)다. 물론 양적, 수적 성장이 문제가 아니다.[43] 한국교회는 문제의 원인을 질이 아닌 수에서 찾은 것이 문제다. 맥가브란의 교회 성장 운동은 매우 실용적이고 결과 중심적이지만 앞에서 말했듯이 교회론 신학에 어긋난다.[44] 데이비드 웰스는 교회성장 운동의 위험성을 지적한다.[45] 교회 성장 운동 방식은 기독교를 세를 모으는 종교 시장으로 인식하게 하여 복음을 변질시키기 때문이다.[46] 끼리끼리 동질 단위로 모여야 성장한다는 맥가브란의 선교 현장에서의 주장은 성경이 말하는 바와 다르다. 그리스도 안에서 인종, 교육, 사회 신분 등 모든 장벽이 무너진 초대교회의 보편적 모습을 설명할 수 없다(로마서 16장).

교회 성장 운동은 교회론 신학을 부정하여도 교회에 모이는 사람의 수만 증가하면 성공한 목회가 된다는 실용주의적 인식을 하게 했다.[47] 실용주의는 진리 자체보다는 사람을 불러 모으는 일에 실제적 도움이 필요한 것들을 찾는다. 성품 좋은 목회자, 좋은 음악, 좋은 프로그램이 교회를 성장시킬 수 있다고 생각한다. 사람을 끌어 모으는데 집중하는 교회들은 거의 모든 형태의 오락을 정당화했다. 더욱이 그토록 가치 있게 여겼던 교리를 전하지 않는데도 성장하자 교회가 사람들의 요구에 부합하도록 구상되어야 한다고 주장하기에 이르렀고 성장하지 못하는 것은 목회자의 잘못으로 여겼다.[48] 성경은 이들의 주장을 지지하는가? 교회 성장 학자들은 성경적 근거를 들어 자신들의 이론을 펼치는 것이 아니다.[49] 그렇기에 이들의 주장에는 성경적, 신학적 근거가 빈약하다.[50] 하나님께서는 교인들의 숫자와 상관없이 충성스럽게 목회를 감당하는 자에게 상을 베풀어 주실 것이다.[51]

실용주의가 교회를 지배하자 목회자에 대한 인식도 성장을 위한 일꾼으로 바뀌게 되었다.[52] 이것을 잘 포착한 조지 바나는 "교회는 판매할 제품(예수님과 다른 사람들과의 관계)이 있다. 주력 상품은 구원의 메시지

요, 각 지역교회는 가맹점이다"고 했다.[53] 교회는 사람의 욕구를 잘 채워
줘야 하는 상품이 되어버렸다. 교리는 팔리지 않는 상품이므로 교회 한
쪽 뒤편에 처박아 놓았다. 교리를 뒤편에 숨기고 결과만을 추구하는 실
용주의 신학은 교회를 가시적 성공을 위해 복음을 판매하는 타락한 가게
로 변질시켰다.[54]

성장이 성공이 된 교회

교회 성장 운동은 실용적이며 결과 중심적이다. 많은 사람이 교회에
모인 것이 곧 성공한 교회라 여겼다.[55] 이미 2천 년 전에 성공한 교회라
는 관점을 잃어버렸다. 예수 그리스도께서 자신의 핏값으로 세우신 교
회는 그 자체가 죄와 사망의 권세를 이기신 성공한 교회다. 이 위대한 성
공을 바라보지 못하고, 숫자만 바라봄으로써 성장이 곧 성공인 시대가
되었다.[56]

그럼 무엇이 문제인가? 교회의 양적 성장이 목회의 성공으로 인식되
면 고객으로 전락한 교인들의 필요에 민감해진다.[57] 목사는 고객의 불만
족스러운 눈빛을 무척 두려워하여 뒤로 물러서서 부담과 기대치를 줄이
고 그들의 필요를 풍성히 채우는 것이 교회의 생존과 직결된다고 생각한
다.[58] 교회는 사람이 만족하느냐, 불만족 하느냐를 선택의 기준으로
삼아 이에 잘 대처하는 CEO형 목사를 기대한다.[59] 교회도 기업과 같은
경영이라고 보기 때문이다.[60] 교회를 기업으로 인식하는 순간 다른 교
회를 경쟁상대로 여기며 다른 교회보다 뛰어난 실적을 내는 것을 능력이
라 생각한다.[61] 이제 우리의 주이신 예수님께서는 자신도 모르게 최고의
경영자이자, 마케팅 전문가로서 도움을 주시는 분이 되어버렸다.[62] 그분
이 우리의 최고 경영자이시기에 규모가 작거나 성장이 멈춘 교회는 그분
의 말을 듣지 않아 질병에 걸려 성장이 멈춘 교회로 인식된다.[63] 몇 가지

를 나열했지만, 이들의 관점에서 확실한 것은 숫자가 미미한 교회는 실패한 교회다.[64] 그러나 예수님은 요한계시록에서 일곱 교회를 칭찬 혹은 책망하실 때 크기와 규모로 판단하지 않으셨다.[65] 더 나아가 교회를 위해 성장을 멈추게 하시는 것이 하나님의 계획일 수도 있다는 것에 대해 교회 성장 학자들은 다루지 않는다.[66] 교회의 양적 성장을 촉구하는 성경 구절은 어디에도 없다.[67] 이들은 교회 성장을 모든 것을 바꾸는 '절대 반지'로 인식하나 이는 큰 착각이다.[68]

◆ 개인주의 - 한 몸 한 가족으로 살지 않음

> 이리가 양을 괴롭히는 것은 이상한 일이 아니다.
> 그러나 한 양이 다른 양을 괴롭히는 것,
> 이것은 부자연스럽고 어처구니없는 일이다.
> 토마스 브룩스

성도는 자신을 개별적 존재로 생각해서는 안 된다. 하나님은 성도들을 한 분 그리스도와 연합하게 하심으로 하나가 되게 하셨기 때문이다. 성도는 자신이 그리스도 안에서 '한 몸 된 교회임'을 믿어야 한다. 그러나 많은 교인들은 자신은 개인적으로 구원을 받았고 교회는 자신의 신앙생활과 관련된 서비스를 제공하는 단체라고 인식한다. 이들에게 교인의 역할은 헌금뿐이다. 그마저도 자기만족을 위한 투자처럼 생각하기도 한다. 이러한 현상에서 유추해 보면 대형교회가 잘 되는 이유는 자신이 내는 헌금보다 훨씬 더 큰 삶을 누릴 수 있기 때문으로 보인다. 대형교회는 내가 헌신을 안 해도 헌신하는 누군가에 의해 돌아가는 교회다. 많은 사람으로 인해 나의 약점이 묻히는 교회다. 작은 교회에 비해 상대적으로 적은 투자로 많은 것을 누리는 교회다. 반면, 이런 자에게 작은 교회는 자신의 적은 투자로 여러 혜택을 누릴 수 없는 곳이다. 타자를 위한 희생을 강조하는 기독교가 개인주의가 되어버렸다.

개인주의 구원론에 빠진 교회

성경에서 교회를 설명하는 흔한 표현들은 형제들, 자녀들, 성도들, 백성 등과 같은 복수 및 집합명사들이다. 마태복음 1장 21절에서는 "이름을 예수라 하라. 그가 자기 백성을 그들의 죄에서 구원하실 것이다"고 했다. 개인적 차원을 부정하는 것은 아니다.[69] 그러나 많은 그리스도인은 '구원'을 매우 개별적이고 개인적으로 인식한다.[70] 교회에서 자주 불리는 찬송에도 '우리'라는 말보다 '내가', 나의'라는 개인적이며 개별로 인식하는 고백의 찬송이 많다.[71] 오늘날의 성도들은 존 번연의 '천로역정'처럼 하나님 나라에 대한 여정을 홀로 가는 듯하다.[72] 이들에게 교회는 단지 은혜를 받는 수단이지 함께 신앙생활을 하는 공동체가 아니다.[73] 한 개인의 구원을 도와주는 일을 하는 것 정도가 교회가 하는 일이라 생각한다.[74] 그리고 오직 자신의 개인적 신앙 성장을 위해 성경을 읽고 기도하며 교회 출석을 하는 것이 최선이라 생각한다. 이들에게 교회는 단순히 임의적인 은혜의 수단으로 인식될 뿐, 하나님께서 교회 자체가 목적이 되도록 의도하셨다는 것을 놓치고 있다.[75] 이런 신앙은 열심은 있으나 다른 이를 위해 살아가는 신앙이 아니기에 너무 보잘것없다.[76] 하나님께서 본래 이 세상을 얼마나 복되게 만들었는지에 대한 지식을 잃었다. "교회는 목적을 위한 수단이 아니라 목적 그 자체로 간주하여야 한다."[77]는 에밀 브루너의 말을 상기할 필요가 있다. 하나님께서 개인을 구원하셔서 공동체로서의 새로운 모습으로 만드셨다는 믿음이 필요하다. 78) 성경에서 '성도'라는 단어는 항상 복수 형태인 '성도들'로 사용되었다는 것은 하나님께서 교회를 개인을 넘어선, 새로운 공동체로 만들었다는 선언과 같다. 79)

개(個)교회주의: 우월감에 빠진 교회

한국교회의 또 다른 대표적인 특징은 개교회주의다. 자기 교회만의 독립과 성장이 지상명령이나 되듯이 지나치게 타 교회를 배타적으로 보게 하는 것이 개교회주의다. 80) 개교회주의는 자신이 속한 교단과 교회만을 강조하는 교파 의식에서 비롯된다. 81) 교회를 넘어 목회자에 대해서도 동일하다. 이러한 현상들은 대형교회에 속한 이들에게 두드러지게 나타난다. 82) 대형교회에 출석하는 교인들은 대형교회에 속한 것만으로도 무한한 자부심이 있다. 그 교회에 들어가기 위해 시험을 치르거나 스카우트 된 사람인 양 우월감을 느끼고 다른 교회는 가볍게 여기거나 인정하지 않는다. 그리스도 안에서는 우월적인 교회도 목사도 교인도 없는데 외적으로만 판가름한다. 83) 예수 그리스도를 주님과 그리스도로 고백하는 자들인데도 우주적 교회로 받아들이지 않는다는 것은 심각한 교회론의 부재다. 이 왜곡과 부재가 개교회주의를 부추긴다. 교회가 죄와 지옥의 권세에서 벗어났다는 기쁨보다 흥행하는 교회에 소속됨을 기쁘게 여기는 것이 문제다.

하나님의 계획을 잃은 교회

개교회주의는 교회를 왜곡하는 폐해를 낳았다. 교회는 주님의 영광이 아닌 자기만족을 위해 다니는 종교시설이 되었다. 좋은 말씀을 듣고 적당히 봉사하고 헌신하기만 하면 나름 '훌륭한' 그리스도인에 속하고 인정받는다. 적당한 헌신으로 자신을 포장하는 일에는 열심이 있지만, 정작 교회를 이루어 가시는 하나님의 계획에는 관심이 없는 종교생활에 치중하는 사람들이 종종 있다. 그런 사람 중에 소위 '가나안 교회' 혹은 '가나안 성도'가 있다.[84] 이들은 교회에 나가지 않지만 스스로 성도라는 호칭을 붙이는 자들이다. 교회사에도 인간적인 고통으로 인해 잠시 활동을 멈춘 예는 있었으나 장기간 가시적 교회생활을 하지 않는 자들에게 교회, 혹은 성도라는 말을 사용하지는 않았다.

성경은 교회라는 제도 하에서 장로들에게 권면하여 모든 권위로 잘못된 것은 책망(딛 2:15; 딤후 4:2)하고 교회를 다스리라고 말하며(행 15:2; 20:17; 딤전 3:1-7; 5:17), 성도들에게는 그들에게 순종하고 복종할 것을 (히 13:17) 말한다. 이러한 성경 말씀에 비추어볼 때, '가나안 성도'는 성경이 말하는 제도적 교회를 부정하는 자들이라고 말 할 수 있다. 고통으로 인한 단기간의 방황이 아닌 교회를 평균 10년 이상 다니지 않는 자들이다.[85] 10년이 아니라 1년 이상만 되어도 진정으로 중생한 적이 있는지 의문을 가져야 하지만 교회에 속하지 않고서 스스로 성도, 교회라 하는 것은 하나님의 계획 성취를 부정하는 모습이다. 하나님의 계획은 유대인과 이방인이 하나가 되게 하는 것이다. 이것이 예수 그리스도의 십자가로 이루어졌다. 하나가 된 교회는 서로 단점과 약점을 담당하려는 수고를 아끼지 않는다. 약점에 실망하여 제도적 교회를 떠나 어떠한 교회에도 소속이 되지 않는 가나안(?)의 모습이 아닌 지역교회 안에 속하여 하나님의 뜻을 생각하며 수고한다(행 4:3). 이러한 수고가 한 몸으로 인식한 자들의 모습이자 하나님의 계획 성취를 믿는 것이다.[86]

◈ 세속주의 - 죄와 싸우지 않으며 치리와 권징을 거부

현대교회의 약점은 그들이 세상에서 너무 편안함을 느끼고 있다
는 것이다. 청교도적인 특성이 사회와
타협하여 변질하므로, 세상을 개조시키기보다
오히려 교회가 세상에 맞도록 조정하고 있다.
A. 토저

자기 마음대로의 신앙

자기 마음대로의 신앙이란 교회가 거룩한 공동체라는 것을 알지 못하고 자기 기분이 내키는 대로 행하는 신앙이다.[87] 자신이 인생의 주인이라고 생각하고 함부로 행동한 아담의 죄와 동일한 행위다. 죄가 세상에 심각한 피해를 준 것처럼 교회에서 함부로 행하는 자들로 인해 교회는 피해를 입었다. 죄로 물들었고 자신의 욕구대로 살고자 하는 이가 교회의 구성원이 되었다.[88] 시대를 막론하고 교회의 가장 큰 위험은 항상 교회의 세속화였다. 교회는 세상 못지않게 인간 중심적이 되어버렸다. 이들은 예수님을 '주님'이라 부르지만, 자신을 그분께 절대 순종해야 하는 '종'으로 여기지 않는다. 주인이 싫어하는 죄와 싸우지도 않고 거룩한 교회의 모습을 갈망하지도 않는다.[89] '여호와는 나의 목자시니'라고 고백하지만, 자신이 '양'이라 인식하지 않는다. 구약 시대의 가장 암흑기였던 사사기의 "그 때에 이스라엘에 왕이 없으므로 사람이 각기 자기의 소견에 옳은 대로 행하였더라"(삿 21:25)의 모습과 다를 바 없다. 하나님을 통제하고 심지어 길들이려는 모습이다.

이러한 일이 생기는 근본적인 이유는 죄를 가볍게 여기기 때문이다.[90] 죄는 궁극적으로 양심을 어기거나 공동체의 기준을 어기는 것이 아니라 하나님의 뜻을 어기는 것이다.[91] 하나님의 뜻은 거룩이다. 하나님의 거룩이 없다면 교회도 죄와 싸울 필요가 없고 거룩함을 추구할 필요도 없다. 전인격적인 회개와 돌이킴 없이 적당한 종교적 모습으로 살아가면서 죄 문제를 다 해결 받은 자처럼 살아간다.[92] 교회가 거룩한 그리스도의 몸이어야 한다는 생각이 없다.[93] 거룩함을 부정한 신앙은 요행을 바라고 내면적으로 위로를 받는 종교적 희망이 되었다. 기독교는 자기 마음대로의 신앙으로 끊임없는 하향화 현상을 겪고 있다.[94]

순종 없는 신앙

거룩은 하나님에 대한 순종으로 드러난다. 자기 마음대로, 자기 소견에 옳은 대로 살아가는 자들은 교회에서 순종하지 않고 함부로 행한다.[95] 교회의 극히 일부라 하더라도 순종 없는 신앙은 다른 사람들에게도 심각한 영향을 끼친다.[96] 순종하는 자는 믿음이 좋은 자가 아니라 믿음이 있는 자다. 순종하지 않는 자는 믿음이 약한 자가 아니라 믿음이 없는 자다(약 1:22). 믿음이 없는 자는 서로 기도하고 섬기며, 피차 가르치고 상담하며, 서로를 세워주기 위해 애쓰며 더 나아가 하나된 것을 힘써 지키지 않는다(엡 4:3). 이런 순종 없는 사람을 교회의 구성원으로 받아들인 것은 심각한 실수다. 사회학자 로드니 스탁은 "교회는 기독교인이 되는 것을 쉽게 만들었다-너무 쉬워서 실제적 회심은 거의 일어나지 않을 정도"라고 한탄한다.[97] 자기 마음대로 살며 명확한 진리에 순종하지 않고, 심지어 그리스도와 연합하지 않았는데 어찌 그리스도인이라 부를 수 있겠는가? 하나님의 말씀에 순종하려고도 않는데 어찌 하나님의 백성이라 말할 수 있겠는가?[98] 구별되지 않았는데 어찌 성도라 말할 수 있겠는가?[99] 놀랍게도 이는 어제 오늘의 일이 아니다. 천 년 전에도 이런 고민이 교계에 가득 찼었다는 것이 슬픈 사실이다.[100] 그리고 이것은 이 시대에 더욱 심해졌다.

포스트모던에 빠진 신앙

오늘날 세상을 지배하고 있는 포스트모더니즘은 확실성을 부정한다.[101] 기준이 존재하지 않는다. 모든 것은 고정되어 있지 않고 바뀌기 때문에 절대적이고 객관적인 진리는 없다고 믿는다.[102] 절대적인 진리에 대한 부정은 자연스럽게 절대적 권위에 대한 부정으로 이어졌다. 절대 진리를 주장하는 말씀과 교리에서는 멀어지고 경험이나 느낌을 강조하는 상대주의에 매력을 갖는다.[103] 절대적인 진리를 부정하므로 명시적으로 말하는 것을 싫어하고 절대적 권위를 부정하므로 주님의 통치에 대한 순종을 부정한다. 객관적인 진리를 부정하므로 자기 마음대로 살려는 자유와 기호를 중요시한다.[104] 포스트모던의 시대는 진리가 실체가 아닌 자신의 선택이 실체다. 이런 신앙이 교회에 들어왔다. 교회에서도 외부의 좌표는 사라지고 내부의 좌표만을 중시하게 되었다. 내부의 좌표만을 중시하는 포스트모던은 진리와 목적을 상실시켰고 진리와 가치관을 해체한다. 교회의 절대적 권위가 없는 교회를 추구한다.[105] 주님의 다스림이 아닌 자신의 마음이 절대적인 것이 되었고 내면의 평안함을 목적으로 삼았다.[106]

그러나 기독교의 메시지는 분명하다. 성경은 진리에 대해, 하나님의 성품에 대해, 하나님의 백성으로 사는 것에 대해 분명히 말씀한다. 이는 곧 시대에 따라 유행에 따라 달라지지 않음을 말한다.[107] 어느 시대나 성경이 있기에 진리를 분명하게 알 수 있고 예수께서 그리스도이시며 주님이심을 분명하게 고백할 수 있고 따를 수 있다. 분명하고 확신 가운데 점검할 수 있기에 사도 요한은 "아들이 있는 자에게는 생명이 있고, 하나님의 아들이 없는 자에게는 생명이 없다"(요일 5:12)고 하였다. 바울도 "너희는 믿음 안에 있는가 너희 자신을 시험하고 너희 자신을 확증하라 예수 그리스도께서 너희 안에 계신 줄을 너희가 스스로 알지 못하느냐 그렇지 않으면 너희는 버림받은 자니라"(고후 13:5)고 하였다. 성경의 소리는 계속 외치고 있다. "우리는 안다…… 우리는 안다…… 우리는 안다"[108] 모든 성경의 저자들과 제자들은 분명한 진리를 알고 있다고 말하며 그 진리에 순종하는 것을 말하고 있다(요일 2:21 우리는 안다; 히 10:26 진리를 아는 지식; 벧전 1:22 진리를 순종하는 것). 진리만이 진정한 자유를 줄 수 있기 때문이다.[109]

◆ 소결 – 왜곡된 교회론

교회에 대한 오해는 그리스도의 절대 권위와 진리에 순종하지 않고 교회에 머무는 자가 늘어나게 했다. 개인주의적 신앙이 교회에서 주도적 위치에 있으며 죄를 마음대로 짓고 교회에서 함부로 행하는 자들이 교회의 고귀한 결정권을 좌지우지하고 있다. 복음을 개인주의적으로만 받아들여 하나님의 구원 경륜의 실현인 교회를 오해해서 나타나는 현상이다. 교회를 기대하지 않는 시대, 교회에 소망을 두지 않는 시대, 교회의 구성원에 대해 기준을 두지 않는 시대의 뿌리는 왜곡된 교회론이다. 교회는 하나님의 말씀인 성경이 교회와 신앙의 중심이 되어야 한다. 오늘 우리에게 나타난 모든 문제는 교회가 하나님의 말씀인 성경을 떠났기 때문이다. 교회가 성경을 중심으로 두지 않았기에 교회는 기준을 잃어버려 무지와 혼돈에 빠졌다. 이 상황을 틈 타 들어와 교회를 장악한 괴물이 포스트모더니즘이다. 교회가 성경이 하나님의 말씀임을 믿고 그 신앙의 중심으로 삼는다면 이런 문제를 극복하고 하나님 중심적 신앙을 회복할 수 있다. 하나님의 영광을 위한 삶은 오직 하나님의 지혜인 성경에서 말하는 방법을 취할 때만 가능하다. 하나님의 지혜, 하나님의 방법은 바로 예수 그리스도며 그분이 세우신 교회다.

2장
예수님을 담은 그릇

주님이 세우신 교회 : 구원을 주시는 주님

교회에 간다고 해서 저절로
그리스도인이 되는 것은 아니다.
차고로 간다고 해서 저절로
자동차가 되지 않는 것처럼 말이다.
빌리 선데이

◆ 하나님 백성의 의미

여호와의 말씀이니라 보라 날이 이르리니 내가 이스라엘 집과
유다 집에 새 언약을 맺으리라 이 언약은 내가 그들의 조상들의
손을 잡고 애굽 땅에서 인도하여 내던 날에 맺은 것과 같지 아
니할 것은 내가 그들의 남편이 되었어도 그들이 내 언약을 깨뜨
렸음이라 여호와의 말씀이니라 그러나 그 날 후에 내가 이스라
엘 집과 맺을 언약은 이러하니 곧 내가 나의 법을 그들의 속에
두며 그들의 마음에 기록하여 나는 그들의 하나님이 되고 그들
은 내 백성이 될 것이라 여호와의 말씀이니라 그들이 다시는 각
기 이웃과 형제를 가르쳐 이르기를 너는 여호와를 알라 하지 아
니하리니 이는 작은 자로부터 큰 자까지 다 나를 알기 때문이라
내가 그들의 악행을 사하고 다시는 그 죄를 기억하지 아니하리
라 여호와의 말씀이니라 ___ 렘 31:31-34

하나님의 백성은 하나님의 통치를 받는 자다. 하나님을 통치자로 여기는 것을 기뻐하고 그분의 통치 아래 있는 것을 즐거워하는 '새 언약 백성'이다.[110] '새 언약 백성'이라 말하는 이유는 이러하다. 첫째, 구약의 하나님의 백성인 이스라엘이 하나님의 크신 은혜와 돌봄에도 아담과 같이 범죄하고 통치를 거부했던 것과 다르기 때문이다.[111] 둘째, 일관되게 실패한 구약의 백성과는 다르게 새로운 하나님의 백성이 성령님의 능력에 힘입어 순종하게 되는 날이 오기 때문이다.[112] 하나님의 백성을 성령님을 보내서서 조성하신다고 했는데 이들이 바로 예수 그리스도를 믿고 성령님을 받은 신약 백성들이다. 이렇게 성령님으로 말미암아 우리 주 예수 그리스도의 은혜로 죄 사함을 받아 하나님 나라에 들어간 하나님의 새 백성을 '교회'라고 부른다.[113] 교회는 구약의 '옛 언약 백성'과는 다르게 결코 거룩에서 실패하지 않는 백성이다.[114] 하나님의 통치를 즐거워하며 하나님께서 원하시는 교제인 한 몸 된 모습으로 살아간다.[115] 그 백성을 예레미야 선지자가 벅찬 감격으로 예언했고 그리스도를 통해 드디어 나타났다. 그 예언이 교회로 성취되었다.

◈ 이 땅에 임한 하나님 나라

내가 너희를 여러 나라 가운데에서 인도하여 내고 여러 민족 가운데에서 모아 데리고 고국 땅에 들어가서 맑은 물을 너희에게 뿌려서 너희로 정결하게 하되 곧 너희 모든 더러운 것에서와 모든 내가 너희를 여러 나라 가운데에서 인도하여 내고 여러 민족 가운데에서 모아 데리고 고국 땅에 들어가서 맑은 물을 너희에게 뿌려서 너희로 정결하게 하되 곧 너희 모든 더러운 것에

서와 모든 우상 숭배에서 너희를 정결하게 할 것이며 또 새 영을 너희 속에 두어 너희로 내 율례를 행하게 하리니 너희가 내 규례를 지켜 행할지라 내가 너희 조상들에게 준 땅에서 너희가 거주하면서 내 백성이 되고 나는 너희 하나님이 되리라 ── 겔 36:24-28

하나님의 통치를 받고 그 복을 누리는 '교회' 곧 '새 언약 백성'의 시작과 번성은 예수 그리스도를 통해서 이 땅에 참된 하나님 나라가 임했음을 보여준다. 새로운 백성에게 교회는 종교적 형식으로 '다니는 방식'이 아닌 그리스도에게 '순종하는 방식'으로 자기 정체성을 드러낸다.[116] 새 영, 즉 성령님으로 인하여 하나님의 법을 지키고자 하는 새로운 마음이 생겨났기 때문이다. 이를 통해 교회 곧 새 언약 백성이 주님의 통치에 순종하며 거룩한 삶을 살고 복을 누리는 것을 볼 때 하나님의 꿈이자 사람의 참된 복의 원천인 하나님 나라가 임했음을 알 수 있다.[117] 새 언약 백성은 하나님께서 저 멀리 있기에 우리 삶의 영역에서 우리 마음대로 살아도 된다고 생각하지 않는다.[118] 오히려 교회는 이 세상에 이미 임한 하나님의 나라를 드러낸다. 그래서 교회를 '하나님 나라의 현시'라고 말한다.[119] 교회가 여전히 흠도 많고 부족한 부분이 있지만 이미 시작된 '하나님 나라의 현현(顯現)'임을 간과해서는 안 된다. 이 땅에 교회가 세워짐으로 하나님 나라 모습이 어떠한지 보여주기 때문이다. 그리고 예수 그리스도께서 재림하실 때 완전한 나라가 임할 것이다.

◆ "내 교회를 세우리니"

예수께서 빌립보 가이사랴 지방에 이르러 제자들에게 물어 이르시되 사람들이 인자를 누구라 하느냐 이르되 더러는 세례 요한, 더러는 엘리야, 어떤 이는 예레미야나 선지자 중의 하나라 하나이다 이르시되 너희는 나를 누구라 하느냐 시몬 베드로가 대답하여 이르되 주는 그리스도시요 살아 계신 하나님의 아들 이시니이다 예수께서 대답하여 이르시되 바요나 시몬아 네가 복이 있도다 이를 네게 알게 한 이는 혈육이 아니요 하늘에 계신 내 아버지시니라 또 내가 네게 이르노니 너는 베드로라 내가 이 반석 위에 내 교회를 세우리니 음부의 권세가 이기지 못하리라 내가 천국 열쇠를 네게 주리니 네가 땅에서 무엇이든지 매면 하늘에서도 매일 것이요 네가 땅에서 무엇이든지 풀면 하늘에서도 풀리리라 하시고 이에 제자들에게 경고하사 자기가 그리스도인 것을 아무에게도 이르지 말라 하시니라 ──마 16:13-20

교회는 누가 세우셨는가? 교회는 주 예수 그리스도의 교회이며 머리이신 예수 그리스도께서 세우신다(마 16:18). 예수님의 형벌 대속적 죽음은 죄인을 깨끗하게 하여 '그 자신과 연합하는 새 언약'을 체결하고 새 마음으로 본성까지 새로워진 참된 하나님의 새 언약 백성을 조성하신다. 이것이 바로 '내 교회'(나로 말미암아 조성되는 새로운 하나님의 백성)를 세우시겠다는 예수님의 선언이 의미하는 바다(마 16:18-19). 교회야말로 하나님의 뜻과 섭리, 그리고 구원 역사로 말미암아 성령님을 통해 세워진 주 예수 그리스도의 제자다. 이 교회는 사도들(혹은 사도들의 신앙고백) 위에 세워진다. 예수 그리스도에 대한 사도들의 신앙고백과 동일한 신앙고백을 하는 사람들이 교회다. 교회는 세례로 이 신앙고백의 진실성을 확증한다.[120] 주 예수 그리스도께서 세우신 주님의 교회는 주님의 놀라운 권세로 안전하게 보호받으며 더 나아가 놀라운 권세로 이 땅에서 역사한다. 참된 신앙고백을 하는 교회는 "음부의 권세가 이기지 못하리라"(마 16:18)는 말씀을 누린다. 예수님께서는 우리를 회복하시기 위해 다스리시고, 우리를 다스리기 위해 회복하셨기 때문이다.[121] 회복된 교회는 신앙고백에 맞는 마땅한 한 몸 된 삶을 살아가는 공동체다.[122] 십자가 은혜를 기억하며 신앙과 삶이 구별되지 않는 모습이 주님이 세우신 교회이기 때문이다.[123] 이것이 구약성경에서 하나님의 백성인 이스라엘 민족과 그 나라를 통해 하나님께서 원하셨던 나라를 계시한 것이고, 모든 약속과 복이 교회에 성취되었다.

주님의 몸을 이루는 교회
: 주님의 통치에 순종하는 백성

누군가는 산책을 하러 교회에 간다.
누군가는 웃고 이야기하려고 간다.
누군가는 친구를 만나기 위해 간다.
누군가는 시간을 보내려고 간다.
누군가는 잘못을 덮기 위해 간다.
그러나 지혜로운 사람은
하나님을 예배하기 위해 간다.
찰스 스펄전

◆ 머리 되신 그리스도

나는 참포도나무요 내 아버지는 농부라 무릇 내게 붙어 있어 열
매를 맺지 아니하는 가지는 아버지께서 그것을 제거해 버리시고
무릇 열매를 맺는 가지는 더 열매를 맺게 하려 하여 그것을 깨끗
하게 하시느니라 너희는 내가 일러준 말로 이미 깨끗하여졌으
니 내 안에 거하라 나도 너희 안에 거하리라 가지가 포도나무에
붙어 있지 아니하면 스스로 열매를 맺을 수 없음 같이 너희도 내
안에 있지 아니하면 그러하리라 나는 포도나무요 너희는 가지
라 그가 내 안에, 내가 그 안에 거하면 사람이 열매를 많이 맺나
니 나를 떠나서는 너희가 아무 것도 할 수 없음이라 사람이 내

안에 거하지 아니하면 가지처럼 밖에 버려져 마르나니 사람들이
그것을 모아다가 불에 던져 사르느니라 너희가 내 안에 거하고
내 말이 너희 안에 거하면 무엇이든지 원하는 대로 구하라 그리
하면 이루리라 너희가 열매를 많이 맺으면 내 아버지께서 영광
을 받으실 것이요 너희는 내 제자가 되리라 —— 요 15:1-8

그리스도와 교회의 관계는 서로 분리될 수 없기 때문에 성경에서는
'나무와 가지'의 비유로 설명되며 에베소서에서는 '머리와 몸'의 비유로
설명된다. 머리는 몸의 통치 근원이다.[124] 우리는 통치자이시자 근원
인 머리 되신 그리스도께 연결되어 있는 몸이다. "나는 포도나무요 너
희는 가지"라는 말씀은 그분과 연결되어 있는 우리의 실상을 드러낸다.
교회가 그리스도의 몸이라는 표현은 그리스도와 그분의 교회 간의 특
별하고 밀접한 관계와 교통을 보여주는 것이다.[125] 교회의 머리는 예수
그리스도시다(엡 1:22). 머리는 '근원'이나 '권위'를 의미한다.[126] 예수
그리스도로 인하여 교회가 시작되었고 교회는 오직 머리이신 그리스
도에게만 권위를 둔다. 그리스도께서는 교회를 자신의 몸으로 여기신
다(엡 1:23). 몸이 머리의 통제를 받듯이 그리스도의 몸인 교회는 모든
정체성과 능력을 머리이신 그리스도께 받는다. '몸'이란 '하나 됨(연합)'
을 의미한다. 그리스도 안에서의 하나 됨이고 그리스도와 하나 됨을
나타내기 위한 하나 됨이다.[127] 하나 됨의 진정한 근거는 "많은 사람"이
"한 사람"인 그리스도 안에 있는 것이다.

교회는 주되신 예수 그리스도께 연합됨으로(그리스도 안에서) 그분
의 모든 부유함에 참여한다. 그분의 몸은 그리스도의 모든 것을 공유
하기에 충만하다. 예수 그리스도의 거룩한 성품과 사랑의 인격, 십자
가 사역으로 대적을 패배시킨 승리, 만물을 다스리는 주님으로서의 영

광스러운 지위, 하나님의 아들로서 하나님의 나라의 모든 것을 유업으로 받은 풍성한 복 등에 충만하게 참여하는 몸이다. 더 나아가 주 예수 그리스도께서는 교회를 그 자신으로 여기신다. 성도 전체인 교회는 한 몸이고, 성도 각각은 그 한 몸의 지체들이다. 그러므로 그리스도께서는 몸 된 교회를 특별하고 밀접하며 교통하는 관계로 보여준다.[128] 그러므로 교회는 그리스도의 몸이다(고전 12:27).

◈ 머리에 순종하는 몸

> 또 만물을 그의 발 아래에 복종하게 하시고 그를 만물 위에 교회의 머리로 삼으셨느니라 교회는 그의 몸이니 만물 안에서 만물을 충만하게 하시는 이의 충만함이니라 ____ 엡 1:22-23

예수 그리스도를 머리로 믿는 몸인 교회가 머리이신 그리스도께 순종함으로 그리스도의 모든 충만을 누리게 된다. 하나님의 구원 역사는 예수 그리스도를 세상에 보내심으로 그 절정에 이른다. 하나님께서 원하셨던 온 세상의 제사장 나라가 예수님으로 말미암아 탄생하였다.[129] 구약의 이스라엘 백성들을 통해 드러내고자 했던 하나님 나라 모습이 교회로 드러난 것이다. 이제 하나님의 백성은 함부로 행동하는 자가 아니다. 몸의 방향과 목표를 주고 몸이 가야 할 길로 몸을 지도하며 몸의 지체에 생명을 주며 기쁨을 주는 그리스도를 머리로 삼으셨다.[130] 하나님의 통치에 순종하는 자로 세우기 위해 예수 그리스도를 머리로 믿는 자를 몸으로 연합하게 하심은 하나님의 크신 지혜다.[131] 이제 몸은 머리이신 그리스도께 순종함으로 하나님의 뜻에 따라 살아갈 수 있게 되었다. 우리의 몸이 머리에 의해 움직이듯이 몸 된 교회는 머리이신 그리스도의 통치에 순종한다.[132) 머리로부터 모든 것이 공급되듯이 그리스도의 모든 것으로 충만한 공동체가 된다. 교회는 몸이기에 예수 그리스도가 이루신 모든 충만을 같이 누린다. 교회는 십자가 은혜로 친히 자신의 몸으로 삼으신 그리스도께 순종하며 감사한다.[133)

한 몸 많은 지체인 교회
: 서로를 위해 살게 하는 주님의 통치

나를 빼놓고는 네가 모든 것을 다 가져도 만족할 수 없듯이 너를
빼놓고는 네가 나에게 무엇을 준다 해도 나를 기쁘게 할 수 없다.
토마스 아 켐피스

◆ 한 몸임을 아는 성도들

그러므로 생각하라 너희는 그 때에 육체로는 이방인이요 손으
로 육체에 행한 할례를 받은 무리라 칭하는 자들로부터 할례를
받지 않은 무리라 칭함을 받는 자들이라 그 때에 너희는 그리
스도 밖에 있었고 이스라엘 나라 밖의 사람이라 약속의 언약들
에 대하여는 외인이요 세상에서 소망이 없고 하나님도 없는 자
이더니 이제는 전에 멀리 있던 너희가 그리스도 예수 안에서 그
리스도의 피로 가까워졌느니라 그는 우리의 화평이신지라 둘로
하나를 만드사 원수 된 것 곧 중간에 막힌 담을 자기 육체로 허
시고 법조문으로 된 계명의 율법을 폐하셨으니 이는 이 둘로 자
기 안에서 한 새 사람을 지어 화평하게 하시고 또 십자가로 이
둘을 한 몸으로 하나님과 화목하게 하려 하심이라 원수 된 것을
십자가로 소멸하시고 또 오셔서 먼 데 있는 너희에게 평안을 전
하시고 가까운 데 있는 자들에게 평안을 전하셨으니 이는 그로

말미암아 우리 둘이 한 성령 안에서 아버지께 나아감을 얻게 하
려 하심이라 ____ 엡 2:11-18

그리스도 안에서 '하나 됨'은 원래 하나님의 형상대로 창조된 백성의
본질적 특성이다. 태초에 하나님께서는 그분의 형상대로 사람들을 '하
나 곧 한 몸'으로 창조하셨다(창 1:26-27). 첫 사람 아담의 범죄와 타락
이후 펼쳐진 하나님의 구원 경륜도 모든 인류가 깨끗함을 받아 '하나
곧 한 몸'으로 하나님께 나아오도록 하기 위한 것이었다. 이 모든 일이
예수 그리스도의 사역으로 성취되었다(엡 2:13-18). 이제 더 이상 미움
과 분열이 없는 하나님의 백성인 교회로 말이다.[134] 교회는 '하나'로 만
들어졌고 '한 새 사람'으로 지어진 존재다(엡 2:14-15). 성도는 서로가
유기체적인 존재임을 알기에 '지체'라 부르고 서로를 한 몸의 각 지체로
여긴다. 이제 각 마디를 통해 온 몸이 도움을 받음으로 연결되고 결합
한다. 지체가 자기의 역할을 함으로 자기의 분량대로 역사해야 한다.
그가 그리스도에게로 연결되어 있다면 팔은 자기 역할을 해야 하고 발
은 자기 역할을 해야 한다. 개인주의적 삶이 아닌 한 지체로 여기기 때
문이다.[135] 교회를 이루는 성도는 더 이상 분열되거나 일요일에만 나타
나는 '개별적 존재'가 아니며 하나요, 한 몸인 '교회적 존재'다.[136] 이 모
든 것은 그리스도 안에서 한 몸이 되었기 때문이다.[137] 이제 성도는 분
열된 개인에게 적합한 삶의 방식은 버리고, 한 몸, 즉 '집합적 공동체적
인 교회적 존재'에 걸맞은 방식으로 살아야 한다.

◆ 서로를 위해 살아가는 성도들

몸은 하나인데 많은 지체가 있고 몸의 지체가 많으나 한 몸임과 같이 그리스도도 그러하니라 우리가 유대인이나 헬라인이나 종이나 자유인이나 다 한 성령으로 세례를 받아 한 몸이 되었고 또 다 한 성령을 마시게 하셨느니라 몸은 한 지체뿐만 아니요 여럿이니 만일 발이 이르되 나는 손이 아니니 몸에 붙지 아니하였다 할지라도 이로써 몸에 붙지 아니한 것이 아니요 또 귀가 이르되 나는 눈이 아니니 몸에 붙지 아니하였다 할지라도 이로써 몸에 붙지 아니한 것이 아니니 만일 온 몸이 눈이면 듣는 곳은 어디며 온 몸이 듣는 곳이면 냄새 맡는 곳은 어디냐──**고전 12:12-17**

새 언약 백성은 그리스도에게 연결되어 생명력이 온몸에 퍼진다. 생명이 공급되었다는 것은 예수 그리스도로부터 말미암아 새 언약 백성이 시작되었음을 드러낸다. 그리스도의 몸이기에 모든 신자는 몸의 지체들로서 스스로를 꼭 필요한 자로 알고 합당하게 행한다.[138] 이를 보여주는 것이 지체를 사랑으로 대하는 봉사의 섬김이다. 서로가 연결된 한 지체인 것을 인식하며 살아가도록 예수님께서 한 몸으로 만드셨다. 한 몸 된 지체는 서로 유기체적이며 필수적인 존재임을 알기에 서로를 위해 살아간다. 우리 몸의 지체 중에 필요 없는 지체가 없듯이 모든 성도는 한 명도 예외 없이 그리스도의 분깃을 선물로 받아 교회가 온전하도록 섬길 수 있는 귀한 존재다. 은사를 통해서 서로를 위해 살아가니 모두가 중요한 존재다. 서로가 중요한 존재임을 알기에 다른 지체들을 위해 봉사하고 섬기며 은사를 활용한다.[139] 그러므로 그 누구도 다른 지체 곧 다른 성도에 대해 쓸데없다고 할 수 없다(고전 12:21-23). 우리의 목표는 서로를 위해 은사를 사용하여 온전한 사람이 되는 것이다(엡 4:13). 한 지체가 고통을 받으면 모든 지체가 함께 고통을 받고 한 지체가 영광을 얻으면 모든 지체가 함께 즐거워한다. 모두 다 한 몸으로 연결되어 있기 때문이다.[140] 서로를 위해 살아가는 것이 모두가 충만해지는 삶이다.

◈ 보시기에 심히 좋았더라

> 믿는 무리가 한마음과 한 뜻이 되어 모든 물건을 서로 통용하고 자기 재물을 조금이라도 자기 것이라 하는 이가 하나도 없더라 사도들이 큰 권능으로 주 예수의 부활을 증언하니 무리가 큰 은혜를 받아 그 중에 가난한 사람이 없으니 이는 밭과 집 있는 자는 팔아 그 판 것의 값을 가져다가 사도들의 발 앞에 두매 그들이 각 사람의 필요를 따라 나누어 줌이라 ─── 행 4:32-35

태초에 하나님께서 만드신 세상은 흠도 점도 없는 온전한 세상이었다. 하나님께서는 창조된 피조 세계를 보며 기뻐하셨고, 자신의 형상대로 창조하신 인간을 만드셨을 때는 심히 기뻐하셨다. 창조주 하나님과 교제하는 고귀한 위치에 인간을 두었을 뿐 아니라 피조 세계를 다스리는 왕의 직분을 허락하셨다. 첫 사람 아담과 하와의 관계는 서로를 위해 살아가는 모습이었다. 타락 이후 하나님께서는 다시 이런 세상을 만드시기로 작정하셨다. 무엇보다 인간을 새롭게 하시기 위해 죄 문제를 해결하여 하나님의 뜻에 예수님과 같이 순종하는 백성으로 만드셨다. 이는 옛 언약 백성들과는 다른 존재로 만드신 것이다. 아담의 죄와 이스라엘 백성의 실패를 완전히 극복하기 위해 성령님을 부어주셔서 하나님께서 다시 만드신 나라가 어찌 죄가 가득한 나라이겠는가? 그 나라의 모습이 이천 년 전 이 땅에 나타났다. 한 몸 된 모습을 부정하며 한 지체로 보지 않던 죄악 가운데 있던 자들을 하나님 나라의 백성으로 만드셔서 하나님의 법을 지키며 살아가게 하셨다.[141]

죄악으로 서로를 대적하던 자들이 한 마음과 한 뜻이 되어 살아간 초대 교회의 모습은 타락 이후 인류를 지독히도 괴롭혔던 '가난'의 모습을 사라지게 했다. 가난이 해결된 과정은 물질이 갑자기 많아진 것이 아닌, 물질에 대해 더 가지려 하지 않고 오히려 가지고 있는 것을 각 사람의 필요에 따라 나누어 주는 모습을 통해 나타났고 하나님께서 태초에 창조하신 모습이었다. 창조 때처럼 서로를 한 몸으로 여기는 모습, 서로를 위하여 거짓을 버리고 참된 것을 말하는 모습, 분을 내어도 죄를 짓지 않으려 애쓰는 모습, 자기 손으로 수고하여 구제하는 모습, 더러운 말을 버리고 덕을 세우는 선한 말만 하는 모습 등은 하나님께서 보시기에 심히 좋은 모습이다(엡 4:25-5:2). 겸손과 온유, 오래 참음과 사랑 가운데서 서로 용납함도 마찬가지다(엡 4:1-3). 이 모든 모습이 바로 성삼위 하나님께서 만드신 한 몸인 교회의 모습이다. 이렇게 서로를 위해 한 몸으로 살아가는 모습이 창세기 1-2장의 모습이며 하나님께서 만드신 원래 세상이다. 하나님께서 보시기에 심히 좋은 것은 사람들이 보기에도 아름답고 칭찬받을 만하다. 마음의 부패함을 제거하고 부드러운 마음을 심어 말씀을 지킬 수 있게 해주시니 하나님께서 보시기에 아름다운 공동체가 되었다.

주님의 영광을 누리는 교회
: 주님의 통치로 부요한 백성

그리스도인이 부자가 되었기 때문에 하나님께 감사를 드린다면,
세상 사람들은 감동하지 않을 것이다.
하나님으로 만족하기 때문에, 그리스도를 위해 물질을 드리고,
그것을 이익으로 생각할 때, 세상 사람들은 감동을 받는다.
토마스 아 켐피스

◆ 저주가 풀린 교회

그 중에 가난한 사람이 없으니 —— 행 4:34

여전히 우리의 모습은 완벽하지 않다. 왜냐하면 교회가 지향하는 그
리스도와의 연합이 아직은 완성되지 않았기 때문이다. 현실의 교회는
종말론적인 완성을 기다리는 과정적 존재이다. 그렇기에 현실의 모습
은 마치 한창 공사 중인 보기 흉한 건물과 같다. 어떤 이들은 이런 모습
만을 보고 실망하여 아예 교회를 떠나서 하나님과만 좋은 관계를 맺으
려 한다. [142] 그런데도 잊지 말아야 할 것은 그리스도를 머리로 믿는 교
회는 그리스도로 인해 저주에서 벗어난 자라는 것이다. 영원히 저주받
을 수밖에 없었던 자였으나 그리스도가 십자가에서 그 저주를 대신 받
으셨음을 믿고, 믿음으로 하나님 앞에 설 수 있게 된 존재다. 저주에서

건져내주신 은혜가 너무 커서 여러 시련과 슬픔도 믿음으로 이겨내는 자다. 과거에 지은 죄를 고백하고 용서받은 은혜가 너무 커서 더럽고 추악한 것은 모두 내어 버리고 새로운 삶의 의미를 찾는 자다. 그 새로운 삶은 성령님의 인도하심 가운데 주를 그리스도라 믿는 한 지체를 가족이라 믿기에 자신의 시간, 에너지, 물질 등을 나누는 자다. 여전히 지상의 교회는 부족하여 약점이 현저하게 있지만, 그리스도로 인해 하나님의 저주에서 벗어난 자임을 분명히 아는 자다. 저주에서 벗어난 자로서 사랑하는 지체가 물질로 인해 하나님의 복을 누리지 못하고 있다는 것을 참을 수 없기에 자신의 것을 내어주며 그 복을 같이 누리기를 기뻐하는 자다.

◆ 주님께서 다스리는 교회

> 여러분은 자기를 위하여 또는 온 양 떼를 위하여 삼가라 성령이 그들 가운데 여러분을 감독자로 삼고 하나님이 자기 피로 사신 교회를 보살피게 하셨느니라 내가 떠난 후에 사나운 이리가 여러분에게 들어와서 그 양 떼를 아끼지 아니하며 또한 여러분 중에서도 제자들을 끌어 자기를 따르게 하려고 어그러진 말을 하는 사람들이 일어날 줄을 내가 아노라 그러므로 여러분이 일깨어 내가 삼 년이나 밤낮 쉬지 않고 눈물로 각 사람을 훈계하던 것을 기억하라 ___ 행 20:28-32

주 되신 예수 그리스도께서는 교회의 머리로서 교회를 다스리신다. 이전에 자기 자신이 인생의 주인이라 생각했던 자였으나 이제 주인이 바뀌었다. 예수 그리스도께서는 부활 승천하셔서 하나님 보좌 우편에 앉으셔서 만물을 다스리는 분이 되셨다. 그리고 그분의 영인 성령님을 보내셔서 자신의 백성을 다스리신다. 예수 그리스도께서는 다스림을 통해 교회를 세우시고 보존하시며 충만하게 하신다.

그렇다면 그분은 우리를 어떻게 다스리시는가? 첫째, 예수 그리스도께서는 말씀으로 다스리신다. 교회는 성경 말씀에 순종함으로 그리스도의 통치에 들어감을 고백한다(엡 2:20-22). 둘째, 예수 그리스도께서는 성령의 인도하심으로 다스리신다. 성령님이 우리의 전인(全人)을 이끌어 가시기에 끊임없이 하나님을 닮아가게 하신다. 성령님께서는 성경 말씀을 통해 우리가 죄를 싫어하게 하며 자신의 부족함을 싫어하게 하고 어떻게 하면 더욱 주를 위해 살아갈 수 있을까를 고민하게 하신다. 우리의 자질과 상관없이 성령님께서 모든 믿는 자가 아들을 닮고 그분의 통치에 순종하도록 인도하신다. 셋째, 예수 그리스도께서는 직분자(목사, 장로, 집사)를 세워 자신의 몸을 돌보게 하는 방식으로 다스리신다(행 20:17-32). 특히 교회의 목사는 주님의 다스림을 잘 실현하기 위해 성경 말씀에 대한 확실한 공부, 전할 수 있는 능력, 진리를 분별할 수 있는 실력 그리고 용기와 담대함 등이 필요하다. 목사에게는 주님께서 지금도 하늘에서 다스리고 계심을 나타내는 대리 통치자로서 교회를 잘 인도하여야 하는 막중한 책임이 있다. 교회는 성경과 성령님, 그리고 직분자를 통해 주님의 다스림의 충만을 누릴 수 있다.

◈ 부요함을 누리는 교회

누가 너를 남달리 구별하였느냐 네게 있는 것 중에 받지 아니한 것이 무엇이냐 네가 받았은즉 어찌하여 받지 아니한 것 같이 자랑하느냐 —— 고전 4:7

신자는 하나님의 은혜로 그리스도 안에서 믿음으로 모든 것을 받아 누리며 산다. 이것이 예수 그리스도의 것으로 살아간다는 의미이자 부요함의 비밀이다. 신자가 받지 않은 것이 무엇이 있는가? 이전에 우리가 만들어 낸 것은 죄, 사기, 불안, 염려, 질투 따위였다. 이제 신자는 그리스도와 연합한 자로 복된 삶을 누리게 되었다. 죄인이었던 자가 예수 그리스도 안에서 하나님 앞에 당당히 나아가는 복을 얻었다(엡 3:12). 저주와 진노 가운데 있을 수밖에 없던 자가 그리스도로 인해 언제든지 하나님 앞에 그것도 당당히 나아가는 자가 되었다. 또한, 하나님의 비밀 경륜을 모두 아는 자로 그 풍성함을 맛보는 자가 되었다(엡 3:9). 죄에 빠진 인간을 구원하시기 위해 성자 하나님께서 성육신하심으로 이 땅에 오시기로 하신 것과 죄를 대속하기 위해 십자가 죽임을 당하신 것의 경륜을 아는 자다. 신자는 세상의 죄 문제를 해결하시려는 하나님의 뜻과 그 해결 방법을 풍성히 아는 특별한 자다. 그뿐만 아니라 그리스도의 성품과 능력을 드러내는 은사를 분깃으로 받은 자다. 이로 인해 신자는 그리스도의 부유함을 교회에서 누리게 되었다.

그리스도의 것이 신자에게, 교회에 부어졌다. 사랑도 힘들고 절제도 불가능했던 자였으나 미워했던 자를 사랑하는 은혜가 그리스도로부터 전달되었다. 교회에서 부유함과 충만함을 누리며 살아가는 시대가 이미 시작되었다. 그리스도를 믿는 자들은 믿기 이전의 자신의 삶과 믿고 난 이후의 삶이 확연히 달라진다. 신자는 완전히 새로운 시대의 백성이 되어서 복된 삶을 누리게 된다(엡 2:1-10). 교회에서 모든 저주가 물러간 것을 느끼고 교회에 모든 복이 있다는 것을 알게 된다. 가난해도 행복해 하는 교회, 힘들어도 좌절하지 않는 교회, 자기 돌보기에도 바쁘지만 다른 사람을 돌보는 교회, 받는 것보다 주는 것이 더 복되다는 주님의 말씀을 철석같이 믿는 교회가 이 땅의 교회다. 교회는 주님께서 주신 분깃인 은사로 서로를 위해 살아감으로써 그리스도의 충만함을 누린다.

◆ 소결 - 선명한 교회론

하나님께서는 새 언약 백성을 교회로 삼으셨다. 새 언약 백성은 성령님의 인도함을 받으며 죄 문제가 사라진 새 마음으로 하나님의 말씀을 기쁘게 받아들이는 자다(겔 36:25-28). 하나님의 법을 따르고 순종하는 하나님의 백성은 지역교회에서 서로 한 몸 됨으로 하나님의 백성으로 살아간다. 혹자가 말하듯이 지역교회는 머리나 몸이 잘린 소망 없는 유물이 아니다.[143] 오히려 하나님 나라가 이 땅에 임했다는 것을 드러내며 하나님의 구원 경륜이 성공했다는 것을 보여주는 실제이다. 하나님의 구원 경륜을 모르는 자들을 교회에 쉽게 받아들이는 것이 문제이지 이 땅에 드러난 그리스도의 몸 자체가 문제는 아니다. 여전히 지역교회를 조롱하며 하나님 나라의 현현(顯現)을 부정하는 이들이 있다.[144] 그리스도께서는 자신이 세우시고(마 16장), 핏값으로 사신(행 20:28) 교회와 자신을 동일시하셨다.[145] 그렇기에 교회는 누가 그리스도를 머리로 믿고 있는지 끊임없이 점검해야 하고 누가 그리스도의 몸이며 우리의 지체인지 확인해야 한다. 그리스도를 머리로 믿고 서로를 그리스도의 몸의 지체임을 알고 살아가는 자들이 성도이기 때문이다.

이제부터는 주안교회의 이야기를 나누려 한다. 성도들이 자신의 교회에 대해 이야기하다 보니 좋은 면만 드러낸 것 같다. 그러나 주안교회도 다른 교회와 크게 다르지 않다. 같은 시대를 살면서 똑같은 어려움을 겪고 있는데 얼마나 차이가 있겠는가? 종종 넘어지는 사람도 있고, 시험에 드는 사람도 있고, 비방했던 사람도 있었다. 주안교회도 이런 현실 속에서 그저 한 걸음 더 전진하려고 노력할 뿐이다. 그런데도 조금이나마 나은 점이 있다면 회원 제도로 인해 교회의 참된 표지를 드러내기가 비교적 쉬웠다는 점이다. 앞서도 살폈듯이 회원 제도는 누가 교회의 회원인가 하는 경계선을 분명히 해주었고, 교회의 관할과 치리를 받는 대상이 누구인지 분명하게 해주었다. 그리고 누군가 죄를 범했을 때 언약 관계 안에서 권징도 시행할 수 있었다. 여전히 부족하고 연약한 교회이며 지금도 여러 문제를 겪고 있지만, 성경이 말씀하는 참된 교회를 위해 우리가 함께 애쓰고 힘쓴 이야기를 회고해봄으로써 '그' 교회로 한걸음 더 나가길 소원한다.

3장
주안 질그릇 이야기

말씀의 순수한 선포

> 너희는 사도들과 선지자들의 터 위에 세우심을 입은 자라 그리
> 스도 예수께서 친히 모퉁잇돌이 되셨느니라 ___ 엡 2:20

말씀, 성례, 권징은 참 교회와 거짓 교회를 구분하는 세 가지 표지이다. 그 중에 '말씀'은 가장 우선적이고 중요한 표지다. 예수님은 베드로가 자신에게 "주는 그리스도시요 살아계신 하나님의 아들"(마 16:16)이라 고백했을 때 신약성경에서 처음으로 '교회'를 언급하셨다. 그 때 예수님은 베드로, 곧 반석 위에 주님의 교회를 세우시겠다고 말씀하셨다. 반석은 베드로 개인이 아니라 베드로를 비롯한 사도들 혹은 사도들의 신앙고백 위에 세우시겠다는 것이다. 사도들은 예수님을 주와 그리스도로 고백하는 자들이었고, 성령으로 말미암아 자신들이 받은 복음과 신앙고백을 신약 성경으로 기록했다. 교회는 신약 성경이 말하는 사도적 복음과 신앙고백 위에 세워졌다. 다시 말해 교회는 "사도들과 선지자들의 터 위에"(엡 2:20) 세우심을 받은 자들, 곧 말씀 위에 세워진 공동체이다.

교회는 말씀으로 세워졌을 뿐만 아니라 말씀으로 교제하며 말씀으로 성장한다. 사도행전에 나타난 교회의 교제는 사도적 가르침을 받아 이루어졌다. 초대교회는 날마다 모여 사도들의 가르침을 받아 초월적 공동체의 모습을 보이며 교제를 누릴 수 있었다(행 2:42). 사도행전은 교회가 하나님의 말씀이 왕성해짐에 따라 양적으로 성장함을 여러 차례 기록했다(행 6:7, 12:24, 19:20). 또한 바울은 성령 안에서 한 몸 된

교제를 누리는 교회로서 머리되신 그리스도에게까지 자라는 원리를 설명하며 이를 위해 말씀을 맡은 사역자의 역할('마디')을 중요하게 다루고 있다(엡 4:11-12).

교회는 시작부터 말씀으로 세워졌고 말씀에 의해 유지되고 성장하기 때문에 말씀 곧 참된 복음이 선포되지 않는 교회는 참된 교회라 부르기 어렵다. 또한 복음의 말씀이 교회에서 바르게 선포되고 가르쳐질 때 다른 표지들인 '성례의 합당한 집행'과 '권징의 신실한 시행'도 가능하기에 '말씀'은 모든 것의 근본이며 기초이다.

◆ **강해설교**

> 주안교회 주일 설교 방식은 성경 본문이 말하는 바와 의미를 잘 전할 수 있는 강해설교 방식을 택한다. 설교 진행은 두 부분이다. 첫째, 설교 시 설교 본문을 한 절 한 절 전체적으로 설명한다. 본문을 살펴 볼 때는 하나님이 성경 저자에게 의도한 본문의 의미를 잘 드러내는 데 집중한다. 둘째, 본문을 통해 저자가 드러내고자 하는 내용을 한 메시지 안에 복음적, 구속사적, 교회론적으로 정리하여 전달한다. 위와 같은 이유로 설교 시간은 60분에서 90분 사이로 진행된다.

이러므로 우리가 하나님께 끊임없이 감사함은 너희가 우리에게
들은 바 하나님의 말씀을 받을 때에 사람의 말로 받지 아니하고

하나님의 말씀으로 받음이니 진실로 그러하도다 이 말씀이 또
한 너희 믿는 자 가운데에서 역사하느니라 ── **살전 2:13**

데살로니가의 성도들은 설교를 통해 살아계신 하나님의 말씀을 받
았다. 오늘날에도 하나님은 설교자들의 설교를 중심으로 진리의 말씀
을 선포하신다. 특히 성경 본문에서 말하는 바를 연구하여 전하는 강해
설교를 통해 바른 메시지가 전해진다. 강해설교는 하나님의 말씀을 설
교의 중심으로 삼는 성경적 설교이다.

개신교는 '오직 성경!(Sola Scriptura)'을 중요한 교리로 삼는다. 성경
이 우리의 신앙과 행위의 표준이 되는 유일무이한 하나님의 말씀이라
는 것을 믿어왔기 때문이다. 모든 진리는 성경 안에 다 들어 있으며 성
경 하나만으로 충분하다. 그렇기에 교회는 역사 속에서 성경을 바르게
해석하여 오늘 이 시대에 적절하게 적용하는 강해설교를 가장 중요하
게 여겼다.

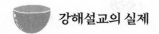 강해설교의 실제

생명의 원동력

유명진 집사

주안교회의 주일 예배 말씀은 강해설교로 선포됩니다. 목사님은 매주 정해진 성경 순서에 따라 말씀을 전하십니다. 먼저 본문을 한 절 한 절 설명하시고, 이어서 예수 그리스도 중심과 구속사, 교회론적으로 메시지를 전하십니다. 성도들은 이 말씀을 한 주간 우리에게 주시는 하나님의 말씀으로 받아 삶으로 살아가려고 힘씁니다.

조녀선 리먼은 "건전한 강해설교를 하는 교회는 최소한 그리스도가 왕의 권위를 가지고 그리스도인의 삶에 들어오셔서 회개와 순종을 요구하신다는 사실을 깨닫기 시작한 교회이다. 그러므로 이 교회는 왕이 성경을 통해 권위적으로 말씀하는 것이 무엇인지 듣기 위해 모인다."고 말하고 있습니다. 주안교회의 성도들이 예배 중 설교시간이 길어지더라도 그 시간을 기대하고 노트하며 집중하여 듣는 이유는, 말씀의 권위에 순종할 때 하나님의 말씀이 우리를 구원으로 인도하며 그리스도의 장성한 분량에까지 자라가게 하신다는 것을 믿기 때문입니다.

주중에 매일 진행하는 DBS 본문과 주일 설교 본문이 같습니다. 그러다 보니 성도들이 주일 예배 말씀을 들을 때 집중력과 이해도가 높고 그만큼 은혜가 큽니다. 성도들은 주일 설교 말씀을 한 자라도 놓칠세라 모두 노트하여 오후 GBS 모임에 참석합니다. 모임에서 설교 내용을 다시 한번 복기한 후, 이해한 바를 나누고 한 주 동안 어떻게 적용하여 살아갈지 나눕니다. 주중에는 다시 목장 모임에서 말씀대로 한 주의 삶을 어떻게 살아가고 있는지 나누며 풍성한 말씀의 교제를 합니다. 그리고 주일 예배 중 회개기도의 시간에 한 주를 돌아보며 하나님의 은혜를 간구하는 시간을 가짐으로 한 주 동안 선포된 하나님의 말씀에 매여 사는 주안교회가 되기를 힘쓰고 있습니다.

그동안 주일에 설교된 성경은 창세기, 출애굽기, 레위기, 민수기, 신명기, 로마서, 고린도전서, 갈라디아서, 에베소서, 야고보서가 있었고 지금은 여호수아서가 진행됩니다. 매 년 집사 투표 전 약 두 달간 전해지는 직분론 설교(딤전 3장, 5장, 행 6장, 20장, 엡 4장, 고후 8장)와 교회의 3대표지 설교가 있는데, 이 역시 강해설교 방식으로 전해주십니다.

사도들이 예수 그리스도의 증인으로서 교회를 세우고, 신약 성경을 마무리하기까지 하나님은 교회에게 생동하며 우리를 살리는 생명수인 말씀을 주셨습니다. 과거도 현재도 미래도 변함없이, 성도는 주님 오시는 그날까지 오직 주의 말씀을 배우고 확신하며 거하는 삶을 살아가야 하는데, 그 원동력이 주일 설교를 통해 주어집니다. 예배의 모든 순서가 중요하지만 설교가 중심이 되는 이유도 여기에 있습니다. 설교를 들으며 울고 웃고 함께 성장해 온 시간들을 돌아보며, 말씀 안에서 참회와 결단과 위로와 회복의 모든 은혜를 경험하고, 목사님을 비롯한 성도 한 사람 한 사람이 세월의 흐름으로 나이를 먹어가듯 말씀을 믿음으로 한 발 한 발 자라감을 보며 주님의 은혜에 감사합니다.

강해설교를 하는 목회자는 늘 열심히 기도하고 공부해야 합니다. 그 본을 보여 주시는 담임 목사님을 위해 성도들 역시 오늘도 기도하며, 앞으로도 성장해 갈 주안교회를 소망해 봅니다.

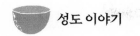 성도 이야기

특권, 그리고 기쁨

김재웅 성도

저는 나름대로 인정(?) 받던 성실한 신학생이었습니다. 어린 시절부터 "재웅아, 너의 길은 목회란다!"하시는 어머니의 말씀에 따라 목회가 당연히 제 길이라 생각했습니다. 신학대학원까지 진학하고 교회에서 청소년부 담당 전도사로 사역했습니다. 주어진 일을 열심히 하고, 아이들을 잘 챙겨 많은 목사님들, 동료 사역자들, 그리고 성도님들께 칭찬을 받기도 했습니다. 그러나 제 속에는 늘 갈급함이 있었습니다. 예배가 일로 느껴지고, 설교가 단지 도구로만 느껴졌습니다. 그러던 중에 엄명섭 목사님의 한 말씀이 제 뇌리에 박혔습니다.

"다른 사람을 위해서가 아니라 자신을 위해서 말씀을 보자. 신자가 누구인지 아는 것이 먼저다."

지금은 너무 당연한 이 말씀을 당시에는 잊고 있었습니다. 예배는 신자에게 주어진 특권인데 그것을 누리지 못하면서 다른 사람에게 은혜를 끼치고자 했던 저를 돌아보며 그 길로 신학대학원과 사역을 그만두고 주안교회로 오게 되었습니다.

주안교회에 와서 가장 먼저 누린 것은 예배 가운데 선포된 말씀의 기쁨이었습니다. 복음이 무엇인지 분명히 알게 되고, 구약부터 신약까지 구속사 관점으로 성경을 보게 되면서 내가 얼마나 값진 은혜를 거저 받게 되었는지를 깨닫게 되었습니다. 이 지식을 아는 것은 그 어떤 것과도 바꿀 수 없는 은혜입니다.

이 은혜는 지금까지도 이어지고 있습니다. 말씀 선포 시간 전에 회개하는 시간이 있습니다. 그때 성도들은 목사님이 하나님의 말씀을 가감 없이 전해주시길, 그리고 스스로를 돌아보며 점검하고 회개하여 선포되는 말씀을 하나님의 말씀으로 받을 수 있도록 간구하는 기도를 드립니다. 그리고 설교가 이어지면 말씀으로 내 자신과 교회를 돌아봅니다. 하나님께 은혜를 받아 찬양하던 이스라엘 백성이 그 다음 장에서 바로 하나님을 불신하고, 다른 우상을 섬기는 모습을 보며 '어이구, 이스라엘이 나 나나!' 하며 은혜를 너무 쉽게 잊는 저 자신을 보게 됩니다. 이것이 성경의 각 장을 연이어 배우는 강해설교의 은혜인 것 같습니다. 그렇게 구약부터 천천히 배우다보니 어린 아이가 처음에 어미의 젖을 먹다가 이유식을 먹고 이후엔 밥을 먹는 것처럼 성경을 폭넓고 깊게 알아가게 됩니다.

작년에 코로나19로 오프라인 예배가 제한되면서 함께 모여 한 말씀을 듣는 것이 얼마나 귀한 것인지, 왜 예배가 신자에게 특권인지를 다시 한번 깨닫게 되었습니다. 거리두기가 완화되어 본당에 성도들이 제한된 인원으로나마 모일 수 있다는 정부의 고지가 있었을 때 얼마나 기뻤는지 모릅니다. 전 국민이 백신 접종을 하여 점점 코로나 감염자가 줄어든다면 다시 예배를 오프라인으로 전환할 수 있겠지요? 상상만 해도 행복합니다. 어서 그날이 오기를 기도합니다.

◆ DBS(Daily Bible Study)

성도의 신앙생활의 기본은 하나님의 말씀인 성경을 사랑하여 주야로 묵상하는 것이다. 주안교회는 DBS라 불리는 매일의 개인 성경 연구에 힘쓰고 있다. 주일의 설교 본문과 성도들이 일주일 동안 연구하는 DBS 본문이 일치하는 것이 특징이기도 하다. 성도들이 주일에 선포될 본문 말씀을 한 주간 미리 연구하고 묵상한 뒤에 주일 설교 말씀을 듣기 때문에 이해도가 높은 것은 물론 말씀의 은혜가 크다. DBS는 말씀만이 우리를 하나님의 사람으로 온전하게 할 것을 믿는 은혜의 시간이다.

베뢰아에 있는 사람들은 데살로니가에 있는 사람들보다 더 너
그러워서 간절한 마음으로 말씀을 받고 이것이 그러한가 하여
날마다 성경을 상고하므로 ___ 행 17:11

사도행전에 기록된 베뢰아의 성도들은 간절한 마음으로 말씀을 받고 이것이 그러한가 하여 날마다 말씀을 상고했다. '상고(詳考)하다'는 원어로 '조사하다', '검토하다'의 의미로 성경을 자세히 연구하고 깊이 묵상하는 것이다.

성도는 주일에 선포되는 설교 말씀만 의지하는 것이 아니라(이것이 가장 중요하지만), 매일 개인의 연구를 통해 생명의 양식인 하나님의

말씀을 먹고 살아가는 자들이다. 종교개혁가들의 가장 큰 업적 중 하나는 특정 성직자들과 소수의 귀족들만 읽을 수 있었던 라틴어 성경을 자국어로 쉽게 읽도록 번역한 것이었다. 이를 근거로 성경의 '명료성'(성경은 쉽다)이라는 진리를 확립하여 성도 개인이 성령님의 도우심 가운데 성경을 스스로 연구하여 해석할 수 있음을 확신하게 했다.

 ## DBS의 실제

매일 그리스도 안에 거하는 법

신정호 집사

주안교회는 15년 전인 2006년 9월 쌍용동의 한 건물 지하에 세워졌습니다. 15년 전 주보 표지에는 믿음은 지식, 동의, 신뢰라는 문구가 쓰여 있었고 지금도 여전히 쓰여 있습니다. 그 성경적 근거는 디모데후서 3장 14절 "배우고 확신한 일에 거하라"는 말씀입니다. 믿음은 참된 말씀을 배움으로 시작됩니다. 왜냐하면 믿음은 들음에서 생기고, 들음은 그리스도를 전하는 말씀에서 비롯되기 때문입니다.

또한, 교회가 참된 교회인지 구별하는 3대 표지는 말씀의 참된 선포, 성례의 합당한 집행, 권징의 신실한 시행입니다. 이 중에서도 가장 중요하고 근본이 되는 것이 말씀입니다. 그러므로 교회는 말씀 위에 세워졌고 말씀을 더 온전히 선포하고 가르쳐야 합니다.

주안교회는 교회의 3대 표지 중 말씀의 참된 선포의 일환으로 DBS를 시작했습니다. 처음에는 주일 예배를 마치고 오후 모임에 목사님과 성도들이 정해진 성경 본문을 함께 공부했습니다. 목사님께서 가르쳐 주신 DBS 성경연구방법으로 한 주간 매일 개인이 연구하고 묵상하며 적용한 것을 나누었습니다. DBS 성경연구방법은 해석의 3대원리와 그에 따른 관찰법으로 연구하는 방법으로 문맥에 적합한 해석, 하나님 중심적 해석, 본문에 근거한 해석의 원리를 따라 월요일-문단나누기, 화요일-하나님 찾기, 수요일-강조점·중심사상, 목요일-은혜와 교훈, 금요일-책망, 토요일-바르게 함과 의로 교육함을 연구하고 적용하는 일주일 프로그램입니다.

처음엔 DBS 성경 연구가 훈련되지 않아 일주일 프로그램으로 연구하는 것이 말처럼 쉽지 않았습니다. 그래서 하나의 방안으로 주중에 자발적인 DBS 소모임을 만들어 성경 연구를 함께 하는 시간을 가졌습니다. 서로의 격려와 동기부여를 받으며 꾸준히 성경 연구를 하면서 깨닫는 지혜와 은혜가 있었고, 그것을 GBS(Group Bible Sharing) 모임에서 나누고 은혜를 공유하며 많은 유익이 있었습니다.

이렇게 성도들이 성경 연구의 필요성을 느끼고 있을 즈음 목사님께서 성경 공부의 본문을 설교 본문과 같은 말씀으로 하자는 제안을 하셨습니다. 즉, 한 주간 매일 개인이 성경을 연구하고 같은 본문을 주일 설교로 듣고 오후 GBS 모임에서 설교 나눔과 DBS 한 것을 나누는 방식이었습니다. 매일 성경 연구를 하면서 묵상하고 적용하였던 말씀을 주일 설교를 통해 들으니 말씀이 더 잘 이해가 되고 은혜는 배가 되었습니다. 오후 GBS 모임은 더 깊이 있고 풍성한 나눔이 되었습니다.

15년이 지난 지금 주안교회는 여전히 같은 방식으로 DBS, 주일설교, GBS모임을 하고 있습니다. 그동안 연구한 성경을 헤아려보고 지금의 시점에서 과거의 우리의 행적을 돌아보니 '바르게 방향을 잘 잡고 왔구나!'라는 생각이 듭니다. 완벽하지 않은 성경 공부였지만 말씀을 사모하며 바르게 알고 지키며 전하려 했던 우리의 과거의 모습을 되돌아보며 교회의 표지를 잘 드러낸 행보였음을 보게 되었고 인도해주신 주님의 은혜에 감사하게 됩니다.

여전히 우리는 교회로 말씀을 옳게 분별하여 지키고 가르쳐야 할 사명이 있습니다. 말씀을 바르게 선포할 때 참된 교회임이 드러납니다. 말씀을 바르게 선포하기 위해 성도는 성경을 연구해야 합니다. 성경은 하나님의 말씀이며, 성도는 오직 하나님의 말씀으로 온전해지고 모든 선한 일을 행할 수 있기 때문입니다. 지금까지 인도해주신 주님이 앞으로도 말씀 가운데 인도해주실 것을 기대합니다.

＊15년간 진행한 DBS 성경 본문

창세기, 출애굽기, 레위기, 민수기, 신명기, 여호수아서, 사사기, 느헤미야서, 오바댜, 요나, 마가복음, 사도행전, 로마서, 고린도전후서, 갈라디아서, 에베소서, 빌립보서, 골로새서, 디모데전후서, 디도서, 빌레몬서, 히브리서, 야고보서, 베드로전서, 요한일서, 요한이서, 요한삼서, 유다서, 요한계시록

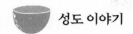 **성도 이야기**

모닝 루틴

이가영 성도

무심코 사용하던 단어가 낯설게 느껴지고, 무심코 지나쳤던 거리의 가게가 눈에 들어올 때가 있습니다. 익숙해서 지나쳤던 것들을 자세히 보니 낯설게 느껴집니다. 낯설어 자세히 살피다 보니 그의 진짜 면목이 드러납니다.

저에게 성경 연구는 익숙한 성경을 낯선 시선으로 새롭게 보게 해 준 은혜의 수단입니다. 이전에 저에게 성경은 그림 하나 없는 빽빽한 글에, 익숙하지 않은 문체를 가진 어려운 책이었습니다. 신학교에 입학한 후에도 성경을 연구할 생각은 하지 못했습니다. 필요성은 느끼지만 어렵다는 생각 때문에 엄두가 나지 않았습니다.

그러다 주안교회에서 성경 연구 방법을 배우게 됐습니다. 당시는 저는 안중에 위치한 작은 교회에서 주일학교 담당 전도사로 사역을 하고 있었기 때문에 늘 말씀에 대한 갈급함이 있었습니다. 말씀을 전하는 자로서의 부담감과 책임감을 가지고 있었습니다.

성경 연구에서 가장 먼저 해야 할 것은 '낯설게 읽기'였습니다. 배운 DBS 방법대로 천천히, 성경을 낯설게 읽기 시작했습니다. 그러자 설교 시간에 수없이 들었던 이야기들이 새롭게 다가왔습니다. 그리고 이내 나의 존재가 얼마나 보잘 것 없는지, 그런 내게 베푸신 하나님의 은혜가 얼마나 크고 강력한 것인지 깨닫기 시작했습니다. 그리고 사역하는 교회에 가서 1박 2일간 주일학교 아이들을 데리고 성경 연구 하는 방법을

가르쳤습니다. 그리고 글을 읽고 쓸 줄만 알면 성경 연구는 누구나 할
수 있다는 것과 성경 연구를 통해 성경이 얼마나 쉽고 재미있는지 알게
되었습니다.

> 예수께서 대답하여 이르시되 기록되었으되 사람이 떡으로만 살
> 것이 아니요 하나님의 입으로부터 나오는 모든 말씀으로 살 것
> 이라 하였느니라 하시니 ___ 마 4:4

　주안교회에 온 지금은 DBS를 통해 날마다 그 은혜를 누리고 있습니
다. 작년, 온 세계를 뒤흔든 코로나 바이러스로 인해 사람들과의 만남
이 제한되고 현장 예배를 드릴 수 없게 되면서 개인 신앙생활이 많이 흔
들리게 되었습니다. 작은 것 하나에 마음이 좌지우지 되고, 아무런 액션
없이 이전에 경험했던 하나님과의 첫사랑을 그리워하기만 하는 저를 보
면서 다시 말씀을 보는 시간을 지켜야겠다 다짐하였습니다.
　마침 목사님께서 루틴(Routine)의 중요성을 가르쳐주셨기에 말씀 연
구하는 시간을 오전 8시로 정했습니다. 나에게 오늘 어떤 일이 일어날
지 짐작조차 할 수 없고, 어떤 말에 내가 흔들리고 현혹될지 모르기에
내 마음을 붙잡으려면 더 성경 연구를 가까이 해야겠다는 생각을 했습
니다. 성경을 연구하면 '모든 유혹을 이기는 힘은 말씀에 있다'는 것을
느낍니다. 말씀을 통해 나의 존재를 다시 한번 기억하며 지난 나의 삶을
해석할 수 있게 되는 힘이 길러지는 것을 느낍니다. 그래서 모든 것이
감사가 됩니다. 코로나로 인해 주춤했던 신앙을 다시 말씀을 통해 회복
하면서 성경 연구의 기쁨을 누리게 됨에 감사합니다.
　그러나 매일 그 은혜를 누리고자 마음을 먹어도 그렇지 못할 때가 있

습니다. 아무리 바빠도 해야 할 일은 하는 것처럼 성경 연구의 기쁨을 맛본 자로서 성경 연구 시간을 사수해야 함에도 불구하고 수많은 합리화로 넘어갈 때가 많습니다. 그럴 때는 GBS를 위해 토요일에 몰아서 하곤 하는데 그때마다 '아, 이렇게 좋은 말씀을 매일매일 했으면 더 좋았을 텐데!'하며 반성과 함께 다짐을 합니다. DBS를 통해 하나님 은혜를 맛보고 내 삶을 해석하는 시간을 더 사수해야겠습니다.

◆ GBS(Group Bible Sharing)

GBS는 모든 주안교회 성도가 주일 오후에 힘을 내어 참여하는 핵심적인 활동이다. 하나님의 말씀을 듣고 알게 되고 믿은 바를 고백하며 서로에게 권면하여 서로를 든든하게 세우는 시간이기에 주일 오전 예배 다음으로 중요한 시간이다. 사실 GBS는 일주일을 단위로 하나님의 말씀을 듣는 데 있어서 가장 마지막 단계이다. 첫 번째 단계는 주중에 개인이 DBS를 통해 설교 본문을 미리 연구하는 단계다. 두 번째 단계는 주일 설교를 들으며 다시 본문을 정리하는 단계다. 마지막 세 번째 단계가 바로 주일 오후 GBS다. 하나님의 말씀을 교훈, 책망, 바르게 함, 의로 교육함 등의 순서로 서로 나누고 권면한다. 주일 오후의 평균 나눔 시간은 2시간 이상이다.

그리스도의 말씀이 너희 속에 풍성히 거하여 모든 지혜로 피차 가르치며 권면하고 시와 찬송과 신령한 노래를 부르며 감사하는 마음으로 하나님을 찬양하고 ___ 골 3:16

바울은 골로새 성도들에게 그리스도의 말씀을 피차 가르치며 권면하라고 명한다. 개인이 한 주간 연구한 것은 GBS를 통해 말씀의 은혜를 더욱 풍성히 누리고, 말씀을 바르게 해석하고 적용했는지 점검하는 시간을 가져야 한다. 소그룹 모임은 교회사에서 늘 강조되어 왔으며 종교개혁가 루터는 예배규범에서 소그룹을 제안하여 성도들이 설교를 듣고 말씀을 받아들이도록 돕는 모임을 가졌다.

 ## GBS의 실제

함께 자라가는 즐거움

김재실 집사

주안교회의 GBS는 교회의 방향성을 더욱 분명히 하는 시간입니다. 주일 설교 말씀과 연구 본문이 동일해, 주중에 연구한 본문으로 먼저 은혜를 누리고, 목사님께서 보다 더 깊이 있는 설교를 해주실 때 성도들의 이해도가 훨씬 높을 뿐 아니라 더욱 풍성한 은혜를 누립니다.

주안교회는 말씀만이 사람을 변화시킨다고 믿습니다. 모두 함께 자라가는 것이 중요하다고 믿고 있습니다. 그래서 모든 성도들이 GBS 모임에 잘 참여할 수 있도록 고민을 계속 이어왔습니다. 그 내용을 세 가지로 정리하여 나눕니다.

첫째, 교회의 방향성에 동참하고 함께 자라가는 은혜를 이미 누리던 성도들과 방문자 성도들 사이의 차이를 줄이기 위해 초급반 GBS를 진행합니다. 성경 연구를 해본 적 없는 성도들의 경우, 단번에 기존 GBS 모임과 동일한 수준으로 나눔을 하는 것은 쉽지 않습니다. 초급반 모임에서는 성경 연구 방법을 배울 뿐만 아니라, 어떤 관점으로 말씀을 봐야 하는지 등 방향성을 잡아갑니다. 그렇게 초급반과 일반 GBS 모임과의 격차를 줄이고, 모두가 복음의 말씀을 자신에게 적용하며 그리스도의 장성한 분량까지 자랄 수 있도록 돕습니다.

둘째, 주중에 DBS를 해왔는지 여부에 따라 지체들을 구분하여 모임을 운영합니다. 이는 DBS를 해온 지체들이 활력 있게 GBS를 하고, 연구하지 못한 지체들은 나눔 대신 연구를 하며 은혜를 나누기 위함입니다. '디안모(DBS 안 해온 사람들의 모임)'라는, 약간은 불명예스러운 이름이 붙여졌지만, 이 역시 우리 모두가 GBS를 통해 유익을 더하기 위한 방책입니다. 현재는 설교 본문과 연구 본문이 동일해 연구를 못한 지체들도 설교를 통해 본문을 잘 이해할 수 있기에 별도로 모임을 나누지 않고 GBS를 진행합니다.

셋째, 주일 오후 모임에 장기적으로 참여하지 못하는 지체들을 위해 1:1 주중 모임을 진행합니다. 주일 오후 GBS에 참여하기 어려운 지체들이 많은 경우, 정회원과 각 지체들 한 명씩을 매칭합니다. 리더를 맡은 정회원들이 자신의 시간을 더 사용해야 하지만, 누구도 말씀에서 멀어지면 안 되기에 다함께 힘쓰고 있습니다.

지금껏 교육부를 주축으로 여러 방면으로 함께 자라가기 위해 힘써왔지만, 담당 부서보다 더 많은 수고를 하는 지체들이 있습니다. 바로 리더들입니다. 매주 리더 모임을 통해 먼저 연구한 것을 나누며 방향을 잡고, GBS 모임을 위해 함께 기도하다 보면 밤 11시를 훌쩍 넘기기도 합니다. 자신의 시간을 내어 놓고, 마음을 다해 기도함으로 준비하는 리더들이 있기에 GBS 모임이 지금껏 잘 진행될 수 있었습니다. 함께 자라가기를 소망하며 애쓰는 리더들과 말씀을 통해 누리는 하나님의 은혜를 더욱 풍성히 나누기 위해 힘쓰는 지체들을 통해 GBS 모임은 앞으로 더욱 풍성해질 것을 기대합니다.

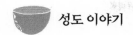 성도 이야기

직장 맘으로 누리는 GBS 은혜

김나연 성도

주안교회에 오기 전에는 'QT'라 부르던 말씀 묵상을 했습니다. 말씀을 보면서도 내가 바로 이해한 것인지, 삶에 어떻게, 무엇을 적용해야 할지 몰라 늘 말씀에 대한 갈급함과 갈망이 있었습니다. 남편을 만나 결혼후 주안교회에서 신앙생활을 하면서 'DBS KOREA'를 통하여 성경연구방법론을 배우게 되었습니다. 말씀운동연합의 여름, 겨울 말씀수련회를 통해서 GBS 모임도 할 수 있었습니다.

주안교회에 온 때는 제가 출산하고 얼마 지나지 않아서였습니다. 육아를 하다 보니 설교 후 GBS에 참여하는 것에 제약이 많았습니다. 그러나 말씀을 놓고 싶지는 않았습니다. 어떻게든 주중에 있는 엄마 모임에서 주일 설교 말씀 나눔과 DBS 본문으로 나눔을 하였습니다. 육체적으로 많이 힘이 들었고 집중해서 말씀을 연구할 수 없었기에 엄마 모임에서의 GBS는 지친 마음에 오아시스 같은 위로가 되었습니다. 그리고 많은 도전이 되어 GBS에 참여할 때마다 나눔의 중요성을 알게 되었습니다.

지금은 직장 일과 육아, 가사를 병행하기에 육체적으로 지치고 힘들 때에는 말씀 연구를 외면하고 싶을 때도 있습니다. 그러다가도 GBS를 하며 나누는 말씀을 통해 다시 도전을 받고 은혜를 받게 되니 마음을 잡게 됩니다.

주안교회 성도로서 3년째 되는 요즘 체력이나 정신적으로 지쳐서 말씀과 개인 경건생활이 나태해질 수 있는데 교회에서 1:1 매칭을 해주어 나눔을 지속하고 있습니다. 전에 경험한 소모임이 삶 중심의 나눔이었다면, 주안교회에서는 말씀으로 교제와 나눔을 하니 하나님의 풍성하신 은혜가 더욱 커짐을 느낍니다. 또 성도님들과 실제적인 삶의 교제 속에서 말씀을 적용하고 기도할 때 더욱 주께 간구하게 되고 주를 신뢰하게 되는 것 같습니다.

이제는 GBS 때에 받았던 위로와 은혜가 저를 통해서도 나누어지길 원합니다. 배우고 공급을 받을 뿐만 아니라 가르치고 나누는 일에도 힘쓰고자 합니다. 여전히 살아계시며 역사하시는 주님께 영광을 돌립니다!

◈ 금요강좌

주안교회는 교회에 처음 온 사람과 수년간 교회에서 배운 사람의 격차를 줄이고 모두가 '다' 같이 자라기 위해 금요강좌를 준비했다. 학기별로 진행되며 신학적으로 중요한 성경 한 권씩을 택해 매주 한 장씩 깊이 다루는 시간이다. 때로는 교회의 특별한 문제를 긴급히 다뤄야 할 필요가 있어 특정 주제가 다뤄지기도 하지만, 원칙적으로 꾸준히 성경을 배우고 확신하며 거하는 일에 하나가 되는 것에 초점을 둔다. 주일 설교 시간은 제한되어 있기에 금요 강좌는 비교적 여유 있는 시간으로 진행된다.

우리가 다 하나님의 아들을 믿는 것과 아는 일에 하나가 되어 온전한 사람을 이루어 그리스도의 장성한 분량이 충만한 데까지 이르리니 ──── 엡 4:13

바울은 교회가 온전하게 성장하기 위해서 하나님의 아들을 믿는 것과 아는 일에 하나가 되어야 한다고 말한다. 교회의 모든 성도는 말씀 사역자를 통해 차별 없이 그리스도의 말씀을 배울 수 있어야 한다. 물론 주일 설교를 통해 모두가 동일하게 말씀을 배우지만, 금요강좌를 통해서 복음의 말씀을 더욱 균형 있고 풍성하게 이해할 수 있다.

한국교회의 금요 모임(예배, 기도회)는 18세기 이후 영국과 미국 등에서 시행하던 공적 모임을 한국의 형편에 맞게 적용한 것이다. 주안교회에서는 말씀을 잘 배우려는 취지로 기도보다는 말씀에 강조를 둔 강좌로 진행하고 기도회로 마무리 한다. 주일 설교 본문의 이해를 돕는 다른 본문을 배우거나 복음에 대해 더 집중해서 배울 수 있는 신학 주제들, 또는 교회의 상황과 관련한 주제들을 배움으로 모든 성도가 함께 한 몸으로 자라게 한다.

 ## 금요강좌의 실제

말씀 평생교육원

유명진 집사

"성도는 평생 배워야 합니다." 10년 전 주안교회에 정착하면서 목사님께 수도 없이 들었던 말씀입니다. 금요강좌가 시작되는 데 배경이 된 한 가지 일화가 있습니다. 목사님께서 우연히 전 교회의 장로님을 만나 말씀을 나누시던 중 장로님은 거의 모든 말씀을 알아서 더 이상은 배울 것이 없다고 하셨다고 합니다. 목사님은 이 말씀에 내심 많이 놀라서 인격과 성품을 갖춘 성도라도 하나님의 말씀을 지속적으로 배우고 거하며 자라가야 하기에 평생교육원과 같은 금요강좌를 시작하게 되셨습니다.

초창기 금요강좌는 지역교회를 넘어 다른 교회 성도들에게도 열린 교육의 장이었습니다. 한창 수요예배에 초대되었던 나사렛대학교 학생들과 외부 성도들이 복음을 더 배우고자 금요일마다 교회를 찾아왔습니다.

그동안 금요강좌를 통해 전해졌던 말씀 주제는 성령론, 인간론, 종말론, 교회론, 디모데전서, 사도행전, 주기도문 등이었습니다. 종말론을 다루시며 신천지를 비롯한 사이비 종교의 교리와 세대주의, 영지주의, 신사도운동과 같은 우리가 분별하고 경계해야 하는 여러 교리에 대한 것들을 배웠습니다.

배움을 받은 내용에 대해 시험을 보았던 때도 있었고, 주기도문에 관한 영화를 보면서는 내포된 의미를 찾아 강해로 풀어주시기도 했습니다. 목사님이 미국에서 박사학위를 준비하며 배우셨던 인간론을 입국하신 후 바로 '따끈따끈' 하게 전해주셨던 기억도 납니다. 한 지체가 치리를 받으며 그 시기를 잘 보낼 수 있도록 모두가 함께 돕고 배우는 자리가 되어야 한다고 하시며 낙태에 대한 문제를 성경적으로 전해 주셨습니다. 그리고 치리 받는 형제를 실제적으로 도울 수 있는 방법을 찾기 위해 조를 나누어 토의를 하기도 했습니다. 근래에는 주기도문 강해 중 "오늘 날 우리에게 죄 지은 자를 사하여 준 것 같이 우리의 죄를 사하여 주옵소서" 말씀을 교회 안의 갈등 이해와 성경적 대안의 관점에서 전해 주시고 각 조 나눔의 시간을 갖기도 하였습니다.

금요강좌는 함께 배우고 균등하게 자라가야 할 배움의 장이기에 계속 참석을 하지 못하는 지체들을 돕는 방법이 시행됩니다. 코로나 전 오프라인으로 모이던 강좌 때는 직장근무와 육아로 인하여 금요일 저녁에 참여하지 못하는 지체들이 토요일 오전과 오후에 따로 모여 교육부에서 정해준 담당자로부터 교육의 내용을 전해 들었고, 현장에서 필요한 베이비시터가 지원되기도 했었습니다. 교회의 고민 중 하나는 어떻게 하면 함께 들어야 할 말씀을 놓치지 않고 듣게 할지, 소외되고 제외되는 성도들이 없이 함께 말씀 안에서 성장해 갈지를 교육부와 정회원 회의에서 끊임없이 논의하고 있습니다.

금요강좌를 더 체계적인 배움의 장으로 만들기 위하여 2015년부터 담당자를 세웠는데, 금요강좌의 출결관리와 간식제공, 강의안을 받아 성도들에게 나누어주고 강의 후 피드백을 받아 공유하는 일까지 초창기보다 현재는 더 발전된 사역으로 잘 감당하고 있습니다.

한 몸 이루신 교회를 힘써 지키기 위하여 복음 안에 견고히 서는 일이 얼마나 중요한지를 알기에 주안교회는 앞으로도 배움에 더욱 성실히 임하며 더 발전된 장으로서 함께 만들어 가기를 소망합니다.

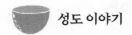
성도 이야기

불금? 아니 거금!

김은환 성도

누구에게나 평일을 마무리하는 금요일 저녁 시간은 주말의 쉼을 시작하는 시간으로 즐거움이 넘치는 시간입니다. 저 또한 평일의 모든 고단한 일을 마치고 맞이하는 금요일 저녁은, 그 어떤 시간보다 기대되고 기다려지는 시간입니다. 저에게 금요일 저녁 시간은 육체적 쉼을 주는 시간은 아니지만, 영적인 쉼과 말씀 안에서의 회복을 가져다주는 시간이기 때문입니다. 그렇기에 몸에는 평일의 수고가 배어 있지만, 고단함을 이겨내고 어느샌가 교회로 향하는 제 발걸음을 보는 것이 제 금요일 일상이 되었습니다. 2017년부터 저의 금요일 저녁은 주안교회의 금요강좌로 꽉 채워져 왔습니다. 특별히 2017년도의 금요강좌는 저에게 여러 이유로 기억에 남습니다.

저는 2017년부터 주안교회와 함께했습니다. 당시 금요강좌의 주제가 교회론이었는데 막 교회를 옮긴 저에게 너무나 필요한 말씀이었습니다. 그동안 신앙생활을 하였지만 바른 복음이 무엇이고 교회가 무엇인지 분명히 알지 못했습니다. 교회론 강의는 그리스도의 핏값으로 세워진 것이 교회임을 분명히 알게 해주었습니다. 저에게는 교회를 섣부르게 판단하고, 부정적으로만 생각하던 모습이 많았습니다. 또, 쉽게 판단하였기에 저 자신만을 생각하며 너무 쉽게 교회를 떠나왔습니다. 이런 저에게 금요강좌는 교회를 대하던 저의 잘못된 태도를 분명하게 알게 하고 책망하였으며, 뿐만 아니라 앞으로 내가 분명히 알고 있어야 하는 교회는 무엇인지에 대해 알게 하는 시간이 되었습니다.

금요강좌는 제게 나침반과 같습니다. 2021년에 이른 지금까지도 잘못된 생각과 시대정신이 틈탈 때 신자로서 교회로서 나아가야 할 방향에 대해 언제나 변함없이 분명하게 말해줍니다. 무질서한 저를 주님께서 내버려 두지 않으시고, 금요강좌를 통해 말씀을 듣게 하시어, 마땅히 품어야 할 생각과 나아가야 할 방향성을 알게 하심에 감사합니다.

◆ 1:1 교육

주안교회는 한 명 한 명이 말씀 위에 바르게 서도록 힘을 쏟는다. 금요강좌도 지식의 격차를 줄이지만 더욱 실질적인 도움을 주는 것으로 1:1 교육이 있다. 사람들마다 이해 차이가 있고, 신앙 연륜의 차이도 있으며, 수준별 차이가 있기에 세심한 돌봄과 가르침에는 1:1 교육이 제격이다. 1:1 교육은 현재 배우는 과정을 살펴볼 뿐 아니라 믿음의 고백과 감정 상태 등을 잘 이해하고 점검하며 신앙 상담도 가능하도록 돕는다.

우리가 그를 전파하여 각 사람을 권하고 모든 지혜로 각 사람을
가르침은 각 사람을 그리스도 안에서 완전한 자로 세우려 함이
니 이를 위하여 나도 내 속에서 능력으로 역사하시는 이의 역사
를 따라 힘을 다하여 수고하노라___골1:28-29

바울은 각 사람을 그리스도 안에서 완전한 자로 세우기 위해 각 사람을 권하고 가르쳤다고 말한다. 한 사람이 구원을 얻는 믿음을 갖는 것은 교회 전체를 대상으로 가르치는 설교와 강의로 충분하지 않다. 초대교회는 한 사람의 삶을 변화시키고 교회의 구성원이 되게 하기 위해 세례를 중심으로 교육을 시행해왔다. 세례 준비자로 등록하려는 자들에게 교리 교사와 개인적 삶을 지도하는 멘토를 두어 교리를 교육하고 믿음의 동기, 생활 상태, 직업 등을 철저히 점검하도록 했다.

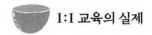 **1:1 교육의 실제**

서로 가르치며 배우는 교회

홍준호 성도

주안교회는 교회의 3대 표지를 따라 살아가는 자들이 모인 곳입니다. 개척 때부터 목사님의 가르침으로 성도들은 십자가 복음과 DBS(Daily Bible Study)를 배웠습니다. 성도들은 가르침을 받기만 하는 것이 아니라, 배운 것을 전하는 리더로 세워졌고 본인이 거하고 확신하는 복음을 다른 새신자들과 교육을 필요로 하는 지체들에게 전하기 시작하였습니다.

시작은 교회의 마디 역할인 목사님께서 교육을 하셨다면, 추후에 모든 성도들이 같은 생각과 같은 말씀을 가지고 교회로서 자라기 위해 소홀히 여겨지는 지체가 없도록 교육하기에 힘써왔습니다.

이제는 교회가 성장하여, 교육부서가 만들어지고 교육부에서 1:1 교육을 관리하고 진행하고 있습니다. 더욱 체계적으로 모든 성도가 배울 수 있도록 교육의 요청이 들어오면 리더를 매칭해주고 있습니다. 성도들이 스스로 가르치려고 애썼던 모습들이 발전하여 지금의 부서가 생긴 것이라 생각합니다.

또한, 하나님께서 말씀하신 배우고 확신한 일에 거하라(딤후 3:14)는 말씀 위에서 저희는 배우고 끝나는 것이 아니라, 배운 것으로 살아가고 또한 한 몸 된 교회를 위해 가르치기까지 힘써야 한다는 것을 알기에, 교육을 이수한 사람은 자연스럽게 잠정적 리더가 되는 시스템이 정립되었습니다.

하지만, 이 모든 시스템이 완벽한 것은 아니었습니다. 교육을 거부하는 자들도 있었고, 교육을 이수한 자들이 가르치기에 힘쓰지 않는 일들도 있었습니다. 그럼에도 저희는 하나님의 말씀에 순종하는 마음으로 꾸준히 힘쓰고 있습니다.

현재 진행되고 있는 1:1 교육으로는 복음의 기초와 교회론이 있습니다. 모든 성도가 복음이 무엇인지 그리고 교회가 무엇인지 이 교육을 통해서 알 수 있게 되었습니다. 매우 기쁜 일이 아닐 수 없습니다.

앞으로 우리가 나아가야 할 방향은 이 교육이 소홀히 여겨지고 그저 교회의 문화나 관습인 것처럼 되지 않도록 애써야 한다고 생각합니다. 우리가 처음 복음을 알고 그 첫사랑으로 다른 사람에게 기쁨으로 전하던 모습이 계속 이어져야 하며, 배우는 자의 자세도 시스템에 따라서 움직이는 것이 아니라, 정말 하나님의 말씀을 배우고 싶어 하고 더 알아가기에 힘쓰는 모습이어야 할 것입니다.

주안의 모든 성도들이 1:1 교육 시스템이 왜 생겨났는지, 그리고 많은 지체들이 교육을 위해 섬기고 힘쓰고 있다는 것을 기억하고 1:1 교육을 귀하게 생각하며 뛰어들기를 소망합니다.

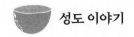 성도 이야기

단단한 말씀의 울타리

이나리 성도

저는 모태 신앙입니다. 태어나면서부터 교회를 다녔고 말씀을 들었습니다. 교회에서 여러 가지 봉사를 하였고 신앙이 좋다는 평을 들으며 자랐습니다. 한 명의 신앙인으로 보았을 때 크게 부족함이 없어 보이는 사람이었고, 크게 자랑하거나 으스대지는 않았지만 스스로 '그런 편이지'라며 '자족'했던 것 같습니다. 그런데 설교 말씀을 듣고 말씀대로 사는 것이 중요하다고 생각했지만, 많은 부분에서 말씀대로 살지는 못했습니다. 이 생각도 주안교회에 오기 전까지는 인지조차 하지 못했던 부끄러운 모습이었습니다.

주안교회에 방문하고 성도로서 함께 하기로 한 뒤, 방문자 교육을 받고 준회원으로 '복음의 기초'를 배우기 시작했습니다. 물론 이전의 교회에서 복음에 대해 배우지 못한 것은 아니었습니다. 하지만 이 세상을 창조하시고 하나님 나라를 세우신 하나님에 대해서, 죄인인 우리들을 위해 형벌 대속적 죽음을 죽으신 예수님에 대해서, 우리가 그리스도 안에서 누릴 수 있는 복과 한 몸인 교회 공동체에 대해서, 하나님 나라의 완성인 주님의 재림 등에 대해서 배우는 과정이 익숙하면서도 또 새로운 이야기 같았습니다.

그리고 성도가 성도에게 하는 1:1 교육이 정말 신기했습니다. 일반적으로 교회에서 교육을 한다면 목사님이나 전도사님께서 해주시는 경우가 거의 대부분입니다. 물론 그렇게 하는 이유는 일반 성도에 비해서 사역자분들이 말씀을 잘 아시고, 한편으론 성도들에게 부담을 덜 주기 위함도 아닐까 생각됩니다.

하지만 주안교회에서는 성도들이 주일 말씀의 본문을 미리 연구하고 묵상하기 때문에 그 말씀을 들을 때 깊이 공감하고 이해할 수 있습니다. 그런 부분들이 하나하나 단단한 반석이 되어 이런 교육 시스템이 가능하지 않았나 싶습니다.

예수님께서는 "가르쳐 지키게 하라"고 말씀하셨고, 말씀을 듣고 성도가 잘 이해하고 연구하면 다른 사람에게 가르칠 수 있습니다. 이것이 주안교회에서 힘쓰고 있는 말씀의 바른 전파의 한 부분입니다.

15년 동안 말씀의 바른 전파에 힘쓰며 걸어가고 있는 주안교회의 모습을 보면 앞으로 5년 뒤, 10년 뒤, 15년 뒤에는 어떤 모습으로 살아갈지 기대가 됩니다. 지금처럼만 해도 분명 더 단단한 말씀의 울타리가 되겠지만 앞으로 성도 개개인이 말씀의 바른 전파가 삶에서 더욱 드러날 수 있는 공동체가 되길 소망합니다.

▲ '복음의기초' 교사모임 2016. 8. 30

▲ 성도들의 신명기 DBS 노트

▲ 윌리엄 성도의 DBS 노트

▲ 초등부 '복음의 기초' 2014. 7. 6

성례의 합당한 집행

또 떡을 가져 감사 기도 하시고 떼어 그들에게 주시며 이르시되
이것은 너희를 위하여 주는 내 몸이라 너희가 이를 행하여 나를
기념하라 하시고 —— 눅 22:19

성례라는 용어는 3세기의 대표적인 교부인 터툴리안이 처음 사용하였는데, 그는 그리스도를 위하여 목숨을 바치기로 약속한 후 세례를 받고 성만찬에 참여하는 예전을 가리켜 성례전이라고 했다.[146] 그리스도 밖에 있던 한 인간이 로마 황제에게 바치던 모든 충성을 버리고 생명의 주인 되신 그리스도를 모시고 산다는 마음으로 성례전에 참여하는 것이다.

기독교회는 초대교회 시대를 지나 중세의 로마 카톨릭교회 시대에 이르러 7가지 성사(세례, 성찬, 견진, 고백, 병자, 신품, 혼인)를 성례로 지켰다. 그러나 종교개혁 이후 교회는 오직 세례와 성찬만을 성례로 인정하여 지켰다. 그 이유는 예수님이 이 두 가지만을 직접 명령하시고 제정하셨기 때문이다. 예수님은 세례 요한을 통하여 세례를 받으시고(막 1:9), 제자가 되려는 자들에게 세례를 줄 것을 명령하셨다(마 28:19). 성찬 역시 예수님께서 친히 제정하신 성례로서, 예수님이 잡히시던 전날 밤에 제자들에게 떡과 포도주를 통하여 예수님의 죽으심을 기념하라고 말씀하셨다(막 14:22-24).

성례는 우리의 신앙을 굳건히 하는 은혜의 수단이다. 왜냐하면 성례는 '보이는 복음'으로서 복음의 약속에 대한 표(sign)와 인(seal)의 역할

을 하기 때문이다. 바울은 이것을 로마서 4장 11절에서 설명한다. 아브라함은 86세에 믿음으로 의롭다 함을 받고, 99세에 할례를 받았다. 아브라함에게 있어 할례는 의롭다 함을 받는 조건이 아니라 의롭다 함을 받은 은혜를 믿게 하는, 흔들리지 않게 하는 은혜의 수단이었다. 우리 역시 신자로서 믿음으로 구원을 얻은 이후에도 여러 상황에서 믿음이 흔들릴 때가 있다. 이런 상황에서 성례라는 은혜의 수단을 통하여 우리의 믿음을 지키고 굳건히 할 수 있다. 주일 설교 말씀을 통해 복음을 귀로 듣고 성례전을 통해서 눈으로 보고 손으로 만지고 입으로 먹고 마심으로 한 주간 죄악 된 삶을 산 자신을 돌아보고 회개하며 하나님의 약속을 확실히 붙잡는 시간을 갖게 되는 것이다.

◈ 세례

주안교회는 개척한 후 여러 차례의 세례식이 있었다. 세례는 신자가 복음을 듣고 믿음으로 그리스도와 합하여 함께 죽고 함께 살아난 것을 나타내는 연합의 의식이다. 일생일대의 가장 중요한 날 중 하나이기에 온 교회가 세례 대상자를 위해 교육하고 점검하여 한 가족으로 받아들이는 준비를 한다. 이를 통하여 교회의 일원이 되었다는 표징에 모두가 함께 즐거움으로 참여하고 축하한다.

예수께서 나아와 말씀하여 이르시되 하늘과 땅의 모든 권세를 내

게 주셨으니 그러므로 너희는 가서 모든 민족을 제자로 삼아 아
버지와 아들과 성령의 이름으로 세례를 베풀고___ 마 28:18-19

세례는 몸을 물에 잠기게 하거나, 물로 씻어서 베푸는 거룩한 의식
으로 교회에 들어오고자 하는 자(입교)에게 베풀어지는 의식이다. 초
대교회의 탄생 배경을 보면 세례가 포함되어 있었다(행 2:14-41). 오순
절 성령강림으로 베드로와 사도들이 성령이 충만하여 복음을 전했고,
이때 복음을 들은 사람들이 "마음에 찔려 우리가 어찌할꼬"(37절) 하
며 베드로와 다른 사도들에게 물을 때, 베드로는 "너희가 회개하여 각
각 예수 그리스도의 이름으로 세례를 받고 죄 사함을 받으라 그리하면
성령의 선물을 받으리니"(38절)라고 했다. 그 결과 3,000명의 사람들이
세례를 받아 제자가 되었다. 세례는 초대교회 시대부터 교회에 들어오
고자 하는 자는 반드시 행해야 할 예식이었다.

교회가 세례를 입교 예식으로 행해야 하는 이유는 예수님의 모범과
명령 때문이다. 예수님은 비록 죄인이 아니지만 자신을 죄인과 동일시
하기 위해 죄인이 받는 세례를 받으셨다(마 3:13-17). 그리고 공생애를
시작하시고 인류의 죄를 짊어지고 십자가에 죽으시고 부활하셨다. 부
활 이후에는 제자들에게 나타나셔서 승천하시기 전에 지상명령의 하나
로 세례를 말씀하셨다(마 28:18-19). 그래서 교회는 교회에 들어오고자
하는 자에게 주님의 명령에 따라 세례 의식을 행한다.

세례의 의미는 한 마디로 예수 그리스도와의 연합이다(롬 6:3-5). 과
거 죄에게 종노릇 하던 죄인이 세례를 통하여 이제는 그리스도의 죽으
심과 부활에 참여하는 것이다. 예수님의 죽음에 참여한다는 것은 예수
님이 죄인들의 죄에 대하여 죽으신 것처럼 신자는 세례를 통하여 예수
님과 연합함으로 죄에 대하여 죽은 자가 되었음을 공중에 선포하는 것

이다. 예수님의 부활에 참여한다는 것은 예수님이 죽으시고 삼 일만에 부활하신 것처럼 신자들도 세례를 통하여 예수님과 연합함으로 장차 예수님처럼 부활할 것을 말한다.

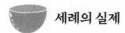 ## 세례의 실제

인생 최고의 언약식

안유진 성도

"세례는 물을 가지고 성부와 성자와 성령의 이름으로 씻는 성례인데 우리가 그리스도에게 연합됨과 은혜 언약의 모든 은혜에 참여함과 주님의 사람이 되기로 하는 우리의 서약을 표시하며 인치는 것이니라." (웨스트민스터 소요리문답 제 94문)

세례는 복음의 내용을 믿고 주를 위해 살기로 고백하는 자는 누구나 받을 수 있는 것이지만, 현대 교회에서 세례의 개념이 많이 약화된 것이 사실입니다. 왕이 곧 신이었던 로마제국 시대는 "나의 주는 그리스도이십니다."라는 고백 자체만으로도 생명에 위협이 될 수 있었기에 그 고백으로 신앙을 확인하고 세례를 주었습니다. 하지만 종교의 자유가 주어진 지금은 상황이 다릅니다. "나는 그리스도를 나의 유일한 주님으로 믿습니다."라는 고백이 우리에게 위협이 되지 않습니다. 진실된 고백인지, 바람에도 쉽게 흩날릴 고백인지 알기 어려워진 것입니다. 때문에 세례 절차도 신중히 행해져야 하지만 많은 교회에서 세례를 쉽게 주는 일이 나타나고 있습니다. 물론 그들의 고백이 모두 헛되다고 볼 수는 없지만, 오랜 기간을 두고 신중하게 결정하는 것은 꼭 필요한 일입니다.

저 또한 중학생 때, 세례 받을 나이가 되었다는 이유로 교육을 받고 2주 만에 세례를 받은 기억이 있습니다. 그 때의 고백이 거짓은 아니었지만 지금 와서 보니 복음을 분명히 알고, 세례의 의미를 알고, 더 점검 받은 후에 세례를 받았다면 그 기쁨과 감격이 더 크지 않았을까 하는 아쉬움이 있습니다.

주안교회에서 12년간 지내면서 저는 한 번의 세례를 경험했습니다. 더 많은 이들이 세례 받지 못한 것이 아쉽기도 하지만 그만큼 신중했다는 의미이기도 합니다. 주안교회에서 세례가 무엇인지 배우며 '세례는 나이가 차서 주거나, 교회를 오래 다녀서 주거나, 쉽게 주는 것이 아니다.'라는 인식이 굳게 자리 잡았습니다.

주안교회에서 세례를 받기 위해서는 먼저 세례 교육을 받아야 합니다. 복음의 기초, 교회론, 1:1 교육, DBS, 사도신경 등 충분한 시간을 가지고 복음의 내용을 확립합니다. 세례 교육을 마친 후에는 당사자의 믿음의 고백이 있어야 하며 참된 고백이 있다면 목사님과 집사님들과 함께 면담을 하게 됩니다. 세례 당일에는 세례자의 친한 지인을 초대하여 세례자의 삶이 주님을 만나고 어떻게 바뀌었는지 고백을 듣습니다.

주안교회에 첫 세례자의 세례(침례)식이 거행되던 날의 감격이 생생한 기억으로 남아있습니다. 그 지체가 믿음으로 변화되어 가는 과정을 옆에서 목격했고, 여러 어려움을 극복하고 그 자리에 선 것을 알았기 때문에 세례식이 더 귀하게 느껴졌습니다. 온 성도는 한 마음으로 세례(침례)식을 준비하고 임했습니다. 한 성도가 주안에서 새로 태어난 것을 기뻐하며 감격에 눈물을 흘리며 축하했습니다.

하지만 세례가 끝은 아닙니다. 목사님께서 세례 받은 자는 성숙한 사람이 아닌 이제부터 돌봐줘야 할 아기라고 표현하신 말씀이 기억납니다. 세례 받았다고 해서 그 사람이 믿음 안에서 완벽한 것은 아닙니다. 입과 마음으로 주를 시인하고 주만 위해 살겠다고 다짐했지만, 분명 앞으로 더 많은 유혹이 있습니다.

때문에 모든 성도는 세례를 함께한 증인으로서 그 지체를 돌보고 함께 한 몸 됨을 지켜 나가야 할 책임이 있습니다.

때가 되어서, 입으로 고백했기 때문에 쉽게 주는 세례였다면 그만큼 감격도 없었을 것입니다. 세례의 참 의미에 대해 알게 하시고 직접 목격하게 하신 하나님의 은혜에 감사드리며, 앞으로 주안교회에서 더 많은 세례(침례)식을 볼 수 있기를 간절히 소망합니다.

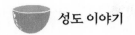

세례에 대한 나의 오래된 오해

William Wade Sheckler 성도

주안교회에 오기 전 저는 아주 오랫동안 세례에 대한 잘못된 지식을 붙잡고 살아왔습니다. 어린 시절, 예배 시간에 교회에 와서 죄를 뉘우치는 것이 세례를 받는 한 형태라고 생각했습니다. 저는 제 모교회와 몇몇 청소년 수련회에서 이런 과정을 지속해서 겪었습니다. 다른 사람들이 '구원받는(세례받는)' 단계로 가는 것을 보며 저도 그렇게 보이고 싶어 압박감이 찾아오기도 했습니다. 하지만 제 목사님이 저는 유아 세례를 받았다고 말씀해주셔서 그 부담감에서 벗어날 수 있었습니다. 그렇지만 제가 진정으로 하나님 앞에서 약속한 것인지 확신할 수는 없었습니다. 단지 교회에서 하는 과정을 받아들이고 따라간다면 레벨이 올라가는 것처럼 믿음도 상승하고 기독교인처럼 보일 것이라고 생각했습니다.

제가 주안교회에 와서 목격한 것은 세례가 그리 간단한 것이 아니라는 사실입니다. 세례를 함부로 주지 않아야 하며 어린 나이에 세례를 주는 것도 매우 조심해야 합니다. 제가 구원 받았다는 것과 예수님을 나의 주로 받아들이는 것이 중요하다는 것에 동의하냐고 묻는다면 저는 당연히 그렇다고 대답할 것입니다.

많은 사람들을 끌어 모으려고 하는 특정 설교나 수련회보다 가능한 한 지역 교회와 계속해서 공개적으로 얘기하고 교회가 나아가는 방향에 귀를 기울이는 것이 더 중요합니다. 말씀을 그냥 듣기만 하는 것이 아니라 말씀을 연구하고, 기도하고 복음을 배워 내재화해야 합니다. 세례는 결혼, 생명의 탄생, 죽음만큼 신성한 것입니다. 세례는 그리스도를 받아들이고 그분 안에서 살기 위해 내 일생을 바친다고 고백하는 기념비적인 사건입니다. 우리는 세례를 받기 전 지역 교회 안에서 많은 사람들과 오랜 시간을 보내야 합니다.

저는 주안교회에서 복음에 대해 많은 것을 알게 되어 기쁘고, 말씀 안에 거한 그 많은 시간을 통해 정회원으로서 제 삶을 교회에 바치기로 결심했습니다. 이것이 제가 이해한 세례 받은 자의 마땅한 삶입니다. 교회 안에서 한 몸이 되는 것이 가장 복된 것임을 알고 다른 이들도 한 몸 안에서 함께 자라가길 소망합니다.

◆ 정회원 제도[147)]

주안교회는 세례 제도를 잘 지키고자 정회원 제도를 시행한다. 정회원 제도를 시행하는 이유는 좀 더 성경적인 교회를 이루기 위함이다. 성경적 교회 즉 성경에서 말씀하고 그려내는 그런 교회를 꿈꾸고 있다. 하나님이 기뻐하시는 교회로 한 걸음이라도 더 나아갈 방법을 찾는 가운데 그 중 하나가 '등록 제도'로서 이미 있는 '회원 제도'를 다듬어 시행하였다. 세례 교인이 한 지역 교회를 본인이 속하여 치리를 받을 교회로 인정하고 그 관할과 치리에 복종하고 덕을 세우기 위해 힘쓰며 그 권리와 의무를 바르게 실천할 것을 서약하면 교회에서 권리와 의무를 지닌 회원으로 받아들이는 제도가 정회원 제도이며 주안교회의 매우 핵심적인 제도다.

그 말을 받은 사람들은 세례를 받으매 이 날에 신도의 수가 삼천이나 더하더라 그들이 사도의 가르침을 받아 서로 교제하고 떡을 떼며 오로지 기도하기를 힘쓰니라 믿는 사람이 다 함께 있어 모든 물건을 서로 통용하고 또 재산과 소유를 팔아 각 사람의 필요를 따라 나눠 주며 날마다 마음을 같이하여 성전에 모이기를 힘쓰고 집에서 떡을 떼며 기쁨과 순전한 마음으로 음식을 먹고 ___ 행 1:41, 44-6

정회원은 세례 받은 교인으로서 세례 서약을 지키며 교회로 살아가는 성도를 말한다. 에베소서 4장에 정회원의 모습이 잘 나타나 있다. 정회원은 성령이 하나 되게 하신 것을 믿고 모든 겸손, 온유, 오래 참음, 사랑 가운데 용납하여 하나 됨을 힘써 지킨다(1-6절). 목회자를 통해서 온전케 되어 서로 섬겨 믿는 것과 아는 것이 하나 되어 그리스도의 장성한 분량에 함께 자라간다(7-16절). 또한 사도행전 2장에서는 베드로를 통해 복음을 듣고 구원받은 성도들이 새로운 공동체를 이루어 날마다 가르침을 받고 함께 떡을 떼며 교제하는 모습으로 드러났다. 마태복음에서 주님은 부활하신 이후에 갈릴리에서 실패한 제자들에게 나타나셔서 하늘과 땅의 큰 권세를 주셔서 교회가 제자 삼고 세례를 베풀고 지킬 때까지 가르치는 사역을 계속할 것을 명령하셨다.

정회원 제도와 관련해서 존 웨슬리(John Wesley, 1703-1791)의 사역을 주목해 볼 수 있다. 웨슬리는 정기적으로 속회의 회원을 점검했다. 어느 해에 그는 더블린에서 열린 속회에 참석하여 거기에 참석한 600여 명의 사람들을 한 명씩 점검했다. 며칠 후 웨슬리가 점검을 다 마친 때에는 회원 수가 300명으로 줄어들었다. 웨슬리는 누가 속회원인가에 대한 분명한 기준 아래 속회원이라 할 수 없는 사람들을 제명하였던 것이다.

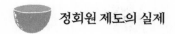 정회원 제도의 실제

세례 서약을 보호하는 정회원 제도

안혜진 성도

정회원 제도는 세례 교인에 대한 확증입니다. 세례를 받았어도 그 의미에 대해 잘 알지 못하는 경우가 많고, 다른 교회에서 세례를 받은 경우 그가 우리 교회를, 교회가 그를 한 몸으로 받아들이고 살기 위해서는 그의 믿음과 교회론을 점검하고 잘 알도록 돕는 시간이 필요합니다. 그래서 주안교회는 세례 제도와 지역 교회를 보호하고자 정회원 제도를 시행합니다.

정회원 서약은 기본적으로 세례 서약과 동일하며, 교회의 회원으로서 교회의 관할과 치리에 들어가는 일이기에 실제적인 서약들이 포함됩니다. 정회원 서약은 예배, 함께 자라가기 위한 말씀 나눔, 교제, 기도와 헌신, 그리고 교회의 선교 방향성에 동참하는 데 대한 의무를 다할 것을 고백하며 결단하는 것입니다. 성도는 이렇게 서약한 정회원 제도를 통해 교회의 한 몸 됨을 공식적으로 누리고 서로를 더욱 돌보게 됩니다. 또한 정회원 제도는 교회의 한 몸 됨을 보호하기도 합니다.

정회원 제도가 주안교회에 정착되기까지는 많은 과정과 주안교회 성도의 믿음의 도전이 있었습니다. 2014년 2월 9일, 14명이 1기 정회원으로 임명되었습니다. 주안교회가 담임 목사님을 통해 처음 정회원 제도를 접했을 때는 반발이 있었습니다. 유기체적 교회에 대한 설교와 나눔을 통해 실제적 누림이 있었고 모두가 함께 한 방향으로 간다는 사실이

행복했기 때문입니다. 그런데 제도를 통해 회원과 비회원을 나눈다는 소식은 한 몸이었던 우리를 갈라놓는 것 같았습니다. 초기 정회원이 된 사람들도 그 의미에 대해 잘 알지 못했고 준회원 혹은 비회원들은 소외 감과 차별감 속에 잘 받아들이지 못했습니다.

정회원 제도가 시작된 지 몇 년이 지나며 비로소 그 의미를 이해하고, 한 몸 됨을 더욱 누리게 되었습니다. 제도가 없이도 한 몸 됨을 충분히 누릴 수 있다고 생각했지만, 제도가 생기니 더욱 질서가 생기고 보다 객관적이고 실제적으로 믿음을 점검하게 되었습니다. 서로를 위해 살아가고자 하는 열망과 책임 또한 더욱 갖게 되었습니다. 이렇게 그 중요성과 가치를 인식하게 되니 모두가 정회원이 되는 것이 가장 좋지만 그만큼 점검이 필요하며 한 번 세울 때 잘 세워 교회를 보호하는 데 힘썼습니다. 정회원 회의를 통해 정회원들이 직접 신입 회원을 세우는데 그 과정이 점점 치열해졌습니다. 한 명도 함부로 뽑을 수 없다는 생각에 점점 신중해지는 정회원들의 모습을 보게 되었습니다. 그러나 결국 모두가 은혜로 세워졌음을 인정하지 않을 수 없었구요.

정회원이라고 해서 결코 의인도, 온전히 성숙한 사람도 아닙니다. 하지만, 다른 점은 내가 이 교회를 내 몸으로 받아들이고 교회의 권징에 동의하며 순종하기로 결단했다는 사실입니다. 몸이 되었기에 서로가 지체라는 사실을 의지적으로 믿고 기억하는 부분도 필요했지만, 실제로도 정회원 한 명으로 인해 전체가 영향 받고 때로는 기쁨, 때로는 아픔을 함께 경험했습니다. 새로운 정회원의 선출, 정회원의 결혼, 출산 등 정회원에게 일어나는 귀한 일에 정회원 전체가 물심양면으로 도우며 함께 기뻐했습니다. 반대로, 정회원이 치리를 받고 정회원이 교회를 떠나는 등 가슴 아픈 일이 일어났을 때에도 정회원 전체가 마음 아파하며 어려운 일들을 해결하기 위해 뛰어들었습니다. 그 중에는 겪고 싶지 않은 일들도 있었지만 우리가 정말 한 몸으로 서로 연결되어 있다는 사실만은 분명히 확인할 수 있는 장들이 되었습니다.

앞으로도 정회원 제도는 계속해서 굳건히 세워져야 합니다. 정회원 제도의 목적은, 한 지체가 교회를 자신의 몸으로 여겨 자신의 은사를 교회를 위해 사용함으로 서로를 세워가며, 그렇게 모두가 함께 자라 그리스도의 장성한 분량에까지 이르기 위함입니다. 이 목적을 계속해서 이루어가기 위해 정회원들 간에 사랑과 권징이 더욱 세워져야 합니다. 하나님의 성품에 공의와 사랑이 공존하듯, 교회 또한 사랑으로 성도들을 보호하되 권징을 통해 그 사랑을 바르게 보여내고 또 실천하도록 도와야 합니다.

교회에는 "정회원인 자"와 "정회원이 되려는 자"가 있습니다. 정회원들은 한편으로는, 준회원들 모두가 정회원이 되기를 간절히 바라는 마음으로 약한 자들이 소외감과 차별감을 갖지 않도록 어린 아이와 같이 돌보며 정회원의 마음을 품고 실제로 살아내어 어서 회원이 되도록 도와야 합니다. 다른 한편으로는 정회원이기에 분명히 존재하는 구별됨, 그에 따른 권리와 의무가 있기에 다름은 불공평이 아니라는 점을 분명히 전해야 합니다. 그리고 준회원이 혹 교회적 삶을 살지 않는다면 분명한 권면 또한 잘 감당해야 할 것입니다.

지금까지 여러 가지 우여곡절을 겪었고, 앞으로도 서로에 대한 실망과 갈등이 발생하겠지만, 그 과정 속에 하나님 나라를 누리며 끊임없이 실망하되 끊임없이 소망하는 교회가 되길 기대합니다!

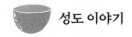 성도 이야기

이제부터 시작

문대우 성도

저는 2017년 상반기부터 주안교회에 매주 출석하기 시작했습니다. 당시에 저는 어려서부터 교회에 다니기는 했으나 정회원 제도는커녕 교회에 대해 잘 알지 못했고 믿음도 없었습니다. 주안교회에 출석하면서 복음과 교회에 대해 체계적으로 배우기 시작했습니다. 그리고 그 명칭이 생소했던 정회원 제도와 그 필요성에 대해서 알아가기 시작했습니다. 정회원의 자격 기준을 보며, 처음에는 '내가 과연 정회원 서약을 할 수 있을까?' 하는 두려움도 있었습니다. 그렇지만 복음의 기초를 한 과 한 과 배워나갈수록, 주일 예배의 설교 말씀을 들으면 들을수록 믿음이 생기기 시작했고, 그렇게 준회원이 되었습니다. 이때쯤 아마 제게 정회원을 소망하는 마음이 생기지 않았나 싶습니다.

당시 교회에는 정회원들이 20명가량 있었습니다. 저는 준회원이다 보니 정회원들끼리는 뭔가 더 친밀하고 끈끈한 것 같았습니다. '나도 정회원이 되면 더욱 친밀해지고 끈끈해지지 않을까?', '지금은 내가 준회원이기 때문에 소외 받고 있는 것은 아닐까?'하는 생각이 들 때가 종종 있었습니다. 그리고 '정회원에게는 내가 모르는 뭔가 있지 않을까?', '정회원 회의에서는 무슨 얘기를 나눌까?' 하는 기대와 궁금증이 공존하는 시간들이었습니다.

그렇게 정회원을 소망하던 중 정회원 추천이 되어 집사님들과 면담을 하게 되었습니다. 정회원과의 한 달 간의 신앙점검, 목사님과 다시 한 달 간의 신앙점검을 통하여 2019년 12월 8일에 정회원이 되었습니다. 정회원 서약식을 준비하면서 정회원 서약은 믿음이 있는 신자라면 당연히 해야 하는 것이고, 주 예수 그리스도를 믿는 자라면 이것을 지키는데 크게 어렵지 않다고 생각했습니다.

그날에 했던 정회원 서약이 지금도 생생히 기억납니다. 서약은 여섯 가지였습니다. 세례 받을 때에 행한 서약을 잊지 않고 지키는 것, 공예배에 참석하는 것, 성경공부 모임에 참석하는 것, 한 가족 공동체로서 교회의 지체들과 교제하는 것, 지체들을 위하여 기도하고 섬기고 헌신하는 것, 사명과 사역에 헌신하는 것입니다.

저는 주님을 믿고 살아가는 자로서 이 여섯 가지 서약을 당연하게 살아내야 할 것으로 여기며 감사함으로 기쁘게 서약했습니다. 그런데 막상 정회원이 되면 무언가 더 친밀해지고 무언가가 더 있을 줄 알았는데 이전과 크게 다르지 않았습니다. 여기서 제 생각이 잘못 되었음을 깨달았습니다. 이것은 정회원이 된다고 해서 자동으로 주어지는 것이 아니라 성령님의 인도하심 가운데 더욱 뛰어들며 헌신하는 것이 한 몸으로 사는 것이라는 생각이 들었습니다. 그 생각을 하고 나니 애초에 그런 마음이 잘못되었다는 것을 깨달았습니다. 그리고 이전에 가졌던 '한 번 믿으면 끝'이라는 생각도 버리게 되었고, 이제부터 시작이라는 생각이 들었습니다. 신자의 모습을 평생 유지할 뿐 아니라, 오히려 더욱 힘쓰며 살아가야 한다는 것도 정회원이 되고 나서 알게 되었습니다.

저는 앞으로도 주안교회 정회원으로서 당당히 살아갈 것입니다. 주님께서 함께하여 주시고 지체들이 함께할 것임을 믿기 때문입니다.

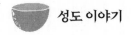 성도 이야기

정회원 회비 수혜 1호

최성봉 성도

주안교회 정회원은 헌금 외에 별도의 회비를 매월 납부하고 있습니다. '교회인데 회비가?'라고 생각할 수 있겠지만 여기에는 특별한 역사와 이유가 있습니다.

주안교회 정회원이 회비를 모으는 이유는 기본적으로 교회를 한 몸, 한 가족으로 알고 살아가는데 기초합니다. 회원 중 누군가의 경조사, 혹은 어떤 큰일을 당했을 경우 한 가족 된 자로서 물심양면으로 뛰어들어 함께 힘이 되어주는 것입니다. 그런데 갑자기 어떤 큰일을 당한 경우 돕고자 할 때 제약이 따를 수 있습니다. 그래서 각 개인의 갑작스런 부담을 줄이고 또한 여유 있는 도움을 위해 회비 제도를 도입하여 시행하게 된 것입니다.

저는 주안교회 정회원이며 이러한 정회원 회비의 가장 큰 수혜자입니다. 교회가 정회원 회비 제를 도입하기 전, 사역자였던 저를 위해 목사님 이하 모든 정회원 분들의 도움으로 결혼식을 할 수 있었습니다.

사역자 신분으로 결혼을 할 준비가 거의 되어 있지 않아 재정적으로 큰 부담을 가졌던 저를 위해 정회원뿐만 아니라 대부분의 성도님들이 십시일반 모금을 하였습니다. 당시 개척교회 수준의 재정상황과 성도의 다수가 청년층과 대학생들이었음을 감안할 때 매우 힘든 결정과 진행이었습니다.

거액의 결혼 자금이 모금되었고, 예식장 비용을 비롯하여 신혼여행

비용까지, 결혼식의 전반적인 모든 부분이 목사님과 성도님들의 섬김과 헌신으로 이루어졌습니다. 지금도 당시를 생각하면 감격이고 감사할 따름입니다. 단순한 재정적인 도움만이 아니라 그야말로 한 가족으로서의 전반적인 지원이 이루어져 저는 가정을 이룰 수 있었습니다.

당시 저희 부부의 예상을 넘은 하객으로 인해 준비된 식사량이 부족한 사태가 발생하여 교회 성도님들은 거의 식사를 하지 못하는 안타까운 일도 있었습니다. 지금은 하나의 추억거리로 이야기 될 수 있겠지만 당시에는 어찌나 송구스럽고 죄송하던지요.

이렇게 교회의 전반적인 지지로 행복한 가정을 이룬 지금 저는 슬하에 두 딸을 둔 가장이 되었습니다. 제 일이 계기가 되어 그때부터 정회원들의 여러 어려움을 함께하고 교회재정을 안정적으로 보호하고자 회비 제도를 운영하고 있습니다.

◆ 성찬

성찬은 예수님의 죽으심을 보이는 떡과 잔으로 기념하는 의식이다. 주안교회는 매주 성찬을 통해 예수님의 죽으심을 기념한다. 예배 시 매주 말씀을 전하듯이 예배 시 매주 성찬을 진행한다. 매주 진행하지만 시간은 길지 않다. 주일에 전해진 그리스도 예수님의 십자가 은혜를 성찬과 연결하여 자연스럽게 진행하므로 말씀을 다시 기억하고 십자가의 은혜에 더욱 감사한다. 성찬 시 수찬자들은 앞으로 나와 진행하며 예수 그리스도의 십자가 죽음을 상징하는 떡과 잔을 먹고 마시며 수직적으로는 하나님과의 관계 회복, 수평적으로는 성도들과의 관계 회복을 감사하는 은혜의 시간이다.

그들이 먹을 때에 예수께서 떡을 가지사 축복하시고 떼어 제자들에게 주시며 이르시되 받아서 먹으라 이것은 내 몸이니라 하시고 또 잔을 가지사 감사 기도 하시고 그들에게 주시며 이르시되 너희가 다 이것을 마시라 이것은 죄 사함을 얻게 하려고 많은 사람을 위하여 흘리는 바 나의 피 곧 언약의 피니라 ── 마 26:26-28

성찬은 예수님의 죽음과 부활을 기념하는 것으로 예수 그리스도께서 친히 제정하신 것이자(마 26:26-28; 막 14:22-24; 눅 22:14-17), 행하도록 명령하신 것이다. 예수 그리스도께서 십자가에 돌아가시기 전에 제자들에게 친히 떡과 포도주를 나누며 제자들과 함께 자신의 죽음과 부활을 기념하셨다. 그리고 바울도 고린도 성도들에게 성찬에 대해서 설명할 때 자신이 임의로 만들어서 전한 것이 아니라 주님으로부터 받은 것(고전 11:23-26)이라고 말씀했다. 교회는 예수 그리스도께서 복음서를 통해서 직접 보여주셨고 명령하신 성찬을 주님의 방법에 따라 시행해야 한다.

역사적으로 성찬에 대한 여러 해석들이 존재했는데 로마 카톨릭은 화체설, 루터는 공재설, 츠빙글리는 상징설, 칼빈은 영적 임재설을 주장했다. 그리고 웨슬리는 로마 카톨릭의 화체설을 거부하고 칼빈의 이론을 따랐다. 즉 성찬에 참여하는 신자는 그리스도께서 영으로 임하심을 경험한다고 보았다. 그래서 웨슬리는 최선을 다해 성찬을 받는 것이 신자의 의무이며 규칙적, 지속적으로 받아야 한다고 보았다. 종교개혁자들의 성찬에 대한 다양한 해석과 주장은 예수 그리스도를 기념하고 주님이 제정하신 성만찬의 중요한 의미를 알고 올바르게 시행하고자 했던 수많은 노력의 열매로 볼 수 있다.

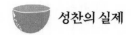 성찬의 실제

보이는 말씀

김정희 집사

주안교회 성찬은 개척된 지 얼마 지나지 않은 수요예배 때부터였습니다. 몇 명의 성도들이 원탁에 둘러앉아 예배를 드린 후, 목사님께서 빵을 떼어주시고 포도주를 따라주시면서 주님의 살과 피를 함께 먹고 마시며 은혜를 누렸습니다.

창립 3주년 때부터는 월 1회 하던 성찬을 매주 시행하게 되었습니다. 처음에는 매주 성찬을 한다면 지루하지 않을까? 준비가 번거롭지 않을까? 걱정되어 꼭 매주 성찬을 해야 하는지에 대한 의문도 있었습니다. 그러나 목사님께서는 성찬의 중요성을 말씀을 통해 차근차근 가르쳐주신 후 매 주일 성찬을 거행하셨습니다.

성찬 담당을 맡으신 집사님은 매 주일 밀가루로 전병을 만들어 오셨고 어머님이 손수 담그신 오랜 포도주도 가져 오셨습니다. 목사님은 매 주일 선포되는 말씀을 성찬과 연결시켜 주셔서 성찬을 해야 하는 분명한 근거를 잘 알 수 있었습니다.

레위기 말씀이 생각납니다. 구약시대에는 죄 문제를 해결하기 위해 매번 짐승의 피 흘림 제사를 드려야만 했었는데 예수님께서 우리의 번제물이 되셔서 영단번에 죽으심으로 우리는 더 이상 피의 제사를 드리지 않아도 된다는 내용이었습니다. 그때 그 말씀을 통하여 수천억 원이 있다 해도 해결할 수 없는 나의 죄를 다시금 살피게 되었고, 이어서 성찬을 하는 가운데 우리 주 예수 그리스도의 희생으로 말미암아 나의 죄가 단번에 사하여지고 거룩한 자가 되었음을 묵상하는 시간이 되었습니다.

또한 함께 거룩한 자가 된 우리 지체들을 다시금 보게 되는 역사가 있었습니다. 말씀이 살아있어 우리 안에 거했으며 우리 눈에 보이는 성찬을 통하여 예수 그리스도를 먹고 마심으로 나의 존재가 바뀌었고 주님 안에서 한 몸 됨을 누리는 은혜가 얼마나 큰지를 체험하게 되는 순간들이 매주 이어졌습니다. 이렇게 우리 주안교회는 말씀이 선포될 때마다 그 말씀에 의지하여 주님께서 명하신 성찬을 해왔습니다.

말씀과 성찬이 분리된 것이 아니라 보이지 않는 복음을 통하여 십자가 사랑과 섬김의 삶을 배우고 서로를 위해 살아가는 자임을 보게 하는 현장이 성찬입니다. 오직 예수 그리스도로만 먹고 살아가는 존재임을 깨닫게 된 것이 너무나 감사했습니다.

성찬이 매주 진행되는 가운데서도 더욱 합당한 성찬 방식을 고민했습니다. 처음에는 일반적 방식을 따라 포도주는 개별 잔으로 마시고 빵도 개별로 먹을 수 있도록 시행했습니다. 그러다가, 어떻게 하면 성찬의 의미를 최대한 살려 한 몸 임을 더 잘 드러낼까 하는 고민을 하면서 하나의 빵을 목사님께서 떼어주시고 포도주도 한 컵에서 조금씩 마시게 되었습니다. 이 방법이 의미는 가장 잘 드러냈지만, 감염 등 안전의 문제에 대한 염려가 있어 컵에 든 포도주를 마시는 대신 빵을 찍어 먹는 방식을 취했습니다. 또한, 성찬에 참여하기 원하지만 안전이 우려되는 임산부를 위해서는 포도주스를 따로 준비하기도 하면서 모두가 함께 기쁨으로 참여하는 성찬을 이어갔습니다.

교회의 3대 표지인 성찬을 잘 시행할 수 있도록 지금까지 인도해주신 주님께 감사와 영광을 올려드립니다. 주안교회는 우리 주님이 다시 오실 그날까지 한 피 받아 한 몸 이룬 가족 됨을 누리며 감사함으로 함께 할 것입니다.

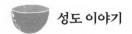 성도 이야기

저는 성찬 때마다 나의 본질적이고
영원한 가족인 지체들을 바라봅니다

김푸름 성도

하나님께서는 복음의 말씀뿐만 아니라 그 말씀을 보고 느낄 수 있는 성찬을 교회에게 허락하셨습니다. 하나님께서 우리에게 모든 걸 주셨음에도 육체를 입은 연약한 우리가 이 땅을 살아갈 때 십자가 복음의 은혜를 더욱 기억하고 누릴 수 있는 은혜의 수단을 주신 것입니다.

성찬에 참여할 때 교회라는 저의 정체성을 봅니다. 뜯겨지는 빵과 포도주를 먹고 마시며 예수 그리스도의 십자가 죽음을 눈으로 보며 그분으로 인해 새로워진 나의 존재를 인식하는 것입니다. 빵과 포도주를 먹고 마실 때에 내가 이 땅에 속해 살지만 하늘 양식을 먹고 사는 자이며, 예수 그리스도만으로 만족하는 자임을 기억하며 더욱 그렇게 살길 소망하게 됩니다. 저는 이러한 은혜를 받을 자격이 없음이 분명함에도 어찌 내가 지금 이 자리에 서 있는지 황송한 마음과 감사한 마음이 교차됩니다.

저는 성찬을 할 때마다 함께 성찬에 참여하는 지체들을 돌아봅니다. 예수 그리스도 안에서 나와 한 몸 된 지체들 한 명 한 명을 보며 이 땅에 허락하신 혈육의 가족을 넘어서는 나의 본질적이고 영원한 가족은 예수 그리스도의 살과 피를 나눈 주안교회 지체들임을 고백하게 됩니다. 그리고 완성된 하나님 나라에서 영원히 함께할 순간들을 상상하고 꿈을 꿉니다. 그리고 이렇게 한 몸 된 지체들을 주셨음에도 한 주간 이 지체

들을 위해 더욱 살지 못한 제가 반성이 되며 더욱더 교회를 위해 살고
자 다짐하게 됩니다.

코로나로 성찬이 중단된 긴 시간 동안 바른 성찬에 대해 더욱 생각해
보며 성찬에 다시 참여할 날을 고대해왔습니다. 중단된 성찬이 속히 다
시 시행되기를 간구합니다. 그날에 우리 모든 지체들은 기쁨과 감사로
하나님께 영광을 돌릴 것입니다. 그리고 우리에게 주어진 은혜들을 더
욱 소중히 여기며 서로가 믿음의 고백을 하며 하나님을 찬양하게 될 줄
믿습니다.

◆ 제한 성찬

주안교회는 성찬을 바르게 시행해야 한다는 생각으로 제한 성찬을 택했다. 성찬의 대상은 세례를 받은 자, 서로 그리스도의 한 몸 됨을 믿고 지키며 교회의 관할과 치리에 순종하고자 서약한 자이다. 그러나 그리스도의 몸과 피에 대한 의미를 알지 못하고 함부로 성찬을 행하지 않도록 제한 성찬을 시행한다. 우리는 이것이 주님의 징계를 받지 않도록 성도를 보호함과 그리스도의 영광을 위한 일이라 믿고 시행한다.

그러므로 누구든지 주의 떡이나 잔을 합당하지 않게 먹고 마시는 자는 주의 몸과 피에 대하여 죄를 짓는 것이니라 사람이 자기를 살피고 그 후에야 이 떡을 먹고 이 잔을 마실지니

—— 고전 11:27-28

고린도교회 안에 성찬의 문제가 발생하였다(고전 11:17-22). 사회적 지위가 높거나 부유한 자들이 성찬의 음식을 먼저 배불리 먹어 버려서 늦게 온 다른 사람들을 배고프게 한 일이 발생한 것이다(21절). 이에 대해 바울은 하나님의 교회를 업신여기고 빈궁한 자들을 부끄럽게 하여 교회의 분열을 가져왔다고 지적한다. 그리고 바울은 성찬의 바른 의미를 설명하고(23-25절), 성찬에 참여하는 자는 자신을 살피고, 주의

몸을 분별한 후에 참여해야 한다고 말한다. 자신을 살피는 것은 성찬의 원래 의미를 깨닫는 것이고, 주님의 몸을 분별하는 것은 한 몸 된 지체들의 상황을 돌아보며 참여하는 것이다. 성찬은 한 몸 된 주님과 지체들의 연합이기 때문이다. 오늘날에도 교회는 성찬의 바른 의미를 깨달아 자신을 살피지 못하고 주님의 몸을 분별하지 못하는 행동을 한다면 성찬에 참여할 수 없다. 잘못된 성찬 참여는 주의 몸과 피에 죄를 짓는 것이고 자신의 죄를 먹고 마시는 것이기 때문이다(27-29절).

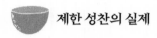 ## 제한 성찬의 실제

교회를 거룩하게 지켜내는 제한 성찬

신정호 집사

하나님께서 죄인을 구원에 이르도록 하기 위해 믿음, 회개와 함께 말씀과 성례(성찬과 세례)를 은혜의 수단으로 주셨습니다. 성찬은 하나님의 은혜를 경험할 수 있는 외적인 수단 중의 하나입니다. 성찬을 통해 우리는 그리스도의 몸과 피에 참여자가 되어 그리스도의 모든 유익과 함께 영적 양식을 얻으며, 하나님 나라의 소망을 갖고 은혜 안에서 자라갈 수 있습니다.

'제한 성찬'은 낯선 단어이지만 사실 교회의 성찬은 처음부터 제한 성찬이었습니다. 교회가 검증하고 확인한 사람 즉, 한 지역 교회에 속해서 교회의 한 몸 됨을 이루어 가겠다는 고백을 하고 서약한 정회원만 성찬에 참여할 수 있습니다. 주안교회에서도 제한 성찬으로 시행하고 있습니다. 처음에는 세례를 받은 자에 한해서 성찬에 참여할 수 있었습니다. 2014년 정회원 제도가 세워지고부터는 정회원만 참여하는 제한 성찬을 시행합니다. 이후 지금까지 세례 받은 사람으로서 세례 서약을 잘 지키고 한 몸 된 교회로 살아가고자 서약한 사람, 정회원이 성찬에 참여하고 있습니다.

또한, 주안교회 안에서는 치리의 수단으로 제한 성찬이 시행됩니다. 정회원이 죄를 범하였다면 교회는 그가 회개하며 죄에서 돌이키기를 권고합니다. 그러나 교회의 치리를 따르지 않거나, 지체들의 권면을 받아들이지 않는 사람에게는 교회는 성찬을 제한함으로 성찬을 안전하게 지킬 수 있습니다.

성찬의 제한은 사람 마음대로 정하는 것이 아닙니다. 주께서 교회에 주신 권세이기에 교회가 성찬을 제한할 권세가 있습니다. 성찬의 참여에 제한을 두는 이유는 교회를 거룩하게 지켜내기 위함입니다.

우리가 살고 있는 이 시대는 무분별하게 베풀어지는 세례와 형식화된 성찬으로 인해 은혜의 수단이자 치리의 수단으로 쓰였던 성찬의 의미가 약화되었습니다. 이에 성찬의 의미도 모른 채 주의 살과 피를 먹고 마실 수 있습니다. 예수 그리스도를 믿지 않는 자, 교회를 한 몸 한 가족으로서 사랑으로 섬기지 않는 자가 성찬에 참여하면 죄를 범하는 것입니다. 그러므로 교회를 거룩하게 지켜내기 위해 제한 성찬을 바르게 시행해야 합니다.

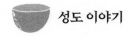 성도 이야기

제한 성찬을 통해 누린 은혜

오덕훈 목사

'제한 성찬'이라는 말은 주안교회에 와서 처음으로 들었던 말입니다. 성찬을 제한한다고 했을 때 두 가지 생각이 있었습니다. '아 성찬에 아무나 참여할 수 없구나!', '잘 배워야겠다.' 우리가 제한한다는 말을 들을 때에 오해하지 말아야 하는 한 가지는 제한은 나뉘게 하기 위함이 아니라 더욱 하나 되게 하기 위함이라는 점입니다.

저는 이 제한 성찬을 통해 많은 은혜를 누린 한 사람입니다. 교회 온지 1년 동안 우리 가정은 성찬에 참여할 수 없었습니다. 대부분의 교회에서는 세례를 받았다고 하면 누구나 성찬에 참여하게 합니다. 그러나 이 사람이 정말 성찬에 대해 제대로 이해하고 있는지, 정말 한 몸 됨을 알고 누리며 살기 위해 이 성찬에 참여하는지 어느 누구도 물어보거나 가르쳐주지 않습니다. 저는 중학교 2학년 때 입교를 통해 교회의 회원이 되었지만, 사실 성찬의 의미에 대해서 가르쳐주는 교회는 그때까지 만나보지 못했습니다.

그러나 주안교회에서 우리는 1년 동안 새신자 4주 교육, 육육이 교육(교회로 살아가는데 필요한 기본적인 교육을 배우는 12주 과정), 복음의 기초 등을 통해 교회적 존재로 살아가는 것이 무엇인지 배우며 성찬의 의미도 분명히 배울 수 있었습니다.

사실 성찬에 대해 배우는 것도 중요하지만 한 몸으로 살아가는 원리와 삶에 대해 배우고 실천하는 것이 먼저 선행되어야 합니다. 이것이 밑

받침 돼야 성찬이 비로소 얼마나 큰 은혜의 시간인지, 또 얼마나 준엄한 시간인지 깨닫게 됩니다. 주안교회의 지체들은 돌아가며 우리 가정을 교육해 주었고, 또한 그들 스스로 그렇게 살아가기 위해 몸부림치는 모습은 우리에게 성찬의 의미를 깊이 깨닫게 하는데 충분했습니다.

1년 동안 매주 성찬식을 행하는 모습을 보면서, 나의 마음은 함께 참여하고 싶은 갈망으로 가득 차올랐습니다. 배우면 배울수록 성찬식을 통해 주님의 은혜를 나누고 한 몸으로서의 은혜를 누리는 것이 너무나 부러웠습니다. 그리고 1년여의 시간이 흐르고 성찬에 참여해도 되겠다는 소식을 들었습니다. 참으로 감격적이었습니다. 주안교회가 우리를 한 몸으로 가족으로 인정해줬기 때문입니다.

아내와 저는 성찬에 참여하기 전날 토요일, 다시 한 번 성찬식에 대한 교육을 받았습니다. 재교육을 받는 시간이었지만, 처음 듣는 것처럼 우리의 마음은 새로웠습니다. 주님의 살과 피를 함께 먹고 마시며 주님과 교제하며, 한 몸 된 지체들과 떡을 나누며 한 몸 됨을 누리며, 혹은 그렇게 살지 못했던 삶을 회개하고 다시 한 몸으로 살기로 결단하는 이 성찬식에 대해 배우며 우리는 다시 한 번 이 은혜를 주신 하나님께 감사했습니다.

주안교회에서 처음 성찬식을 하던 날, 저의 몸과 마음은 설렘과 긴장으로 떨렸습니다. 주님의 떡을 받으며 '이것은 주님의 몸입니다.'라는 말을 듣는데 눈에 눈물이 고였습니다. '감히 내가 어떻게 주님과 한 몸 됨을 누릴 수 있는가, 감히 내가 어떻게 주님의 몸 된 교회와 한 몸 됨을 누릴 수 있는가' 정말 두렵고 떨림으로 그리고 감격으로 떡과 잔을 받았습니다. 그리고 매주 이 놀라운 은혜를 누릴 수 있었습니다. 때론 회개함으로, 때론 기쁨으로, 때론 지체들과의 한 몸 됨의 약속을 기억하면서 성찬에 참여하였습니다.

성찬은 참으로 교회에 은혜를 주시는 하나님의 놀라운 방편입니다. 매주 행하던 성찬을 지금은 그만큼 누릴 수 없어 안타깝지만, 그렇기에 주안교회에서 매주 누린 그 성찬의 은혜가 더욱 값짐을 깨닫습니다. 지금도 주안교회에서 함께 했던 그 성찬의 장면이 눈에 선하고 목사님의 말씀이 귓가에 쟁쟁합니다. '이것은 주님의 몸입니다. 이것은 주님의 피입니다.'

제한 성찬을 통해 주님의 교회와 한 몸 됨을 뼛속 깊이까지 누리도록 도와주신 주안교회 모든 지체들께 진심으로 감사를 드립니다.

◆ 공동식사

주안교회는 예배 후 주일 공동식사 시간을 갖는다. 식탁은 화려하지 않지만 봉사부에서 만찬으로 정성스럽게 준비한다. 성도들은 한 끼지만 같은 식탁에서 음식을 나누면서 믿음의 가족임을 경험한다. 공동식사를 할 때는 세상의 주변적인 이야기보다는 자신의 삶을 나누고 주일 말씀을 새기며 서로를 향해 헌신을 다짐하는 시간으로 승화시킨다. 또한 이 땅에서의 공동식사처럼 완성될 그 나라에서 언제나 함께 먹고 마시는 가족으로 식탁에 앉을 것을 소망하며 공동식사에 임한다.

> 그들이 사도의 가르침을 받아 서로 교제하고 떡을 떼며 오로지
> 기도하기를 힘쓰니라 ___ 행 2:42

성경은 식사에 대해 하나님이 자기 백성에게 주신 복으로 말씀한다.[148] 창조기사 이야기를 통해서(창 1장), 광야시대 하늘의 양식인 만나를 통해서(신 8:2-3), 유월절 식사를 통해서, 예수님께서 오병이어 기적을 통해서 배불리 먹이셨던 것을 생각해 볼 수 있다.

교회에서의 공동식사는 하나님이 허락하신 복을 함께 공유하는 시간이다. 서로 한 몸 된 하나님의 백성임을 확인하는 시간이다. 공동식사는 사도행전 2장의 초대교회의 모습이다. 오순절 성령강림으로 성령

충만을 받은 베드로가 복음을 전파하여 세례 받은 자 3,000명이 새로운 공동체로 모여 초대교회가 되었다. 초대교회는 매일 "사도의 가르침을 받아 서로 교제하고 떡을 떼며 오로지 기도하기에 힘쓰는"(행 2:42) 삶을 살았다. 여기에 쓰인 교제라는 단어가 헬라어 '코이노니아'로 떡을 떼는 것과 같다. 교회 안에서 주일에 함께 음식을 먹는 공동식사는 교제를 위한 중요한 도구다. 그래서 모든 성도는 믿음으로 서로 한 몸 됨을 누리기 위해서 주일에 함께 식사하는 시간을 갖는다.

초기 기독교 모임을 통해서 공동식사의 역사적 배경을 생각해 볼 수 있다. 로버트 뱅크스는 역사적 자료에 기초해 초대교회의 모습을 그려냈다. 예배는 어떤 형식이나 격식이 있지 않고 모임장소인 한 가정에 들어오는 그 순간부터 예배가 시작된다. 예배에 참여한 사람들은 주의 만찬에 참여하여 공동으로 식사를 한다. 부자, 가난한 자, 종, 주인 할 것 없이 그리스도 안에서 한 형제자매가 한 공간에서 공동식사를 하며 주님의 은혜를 나누고, 일상을 나누고, 당시 이슈를 토론하고 마지막으로 서로를 위해 권면과 기도하는 순서로 예배를 마친다.[149]

오늘날의 공동식사는 예배 후에 밥 먹는 의미를 넘어 예배의 연장으로 생각해야 한다. 공동식사는 예수 그리스도 안에 있는 자들이 함께 누려야 할 주의 만찬이기 때문이다.

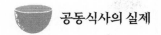 **공동식사의 실제**

지금부터 영원까지 함께 먹을 식탁

차정윤 성도

주안교회는 2006년 9월 개척한 첫 주일부터 공동식사를 했습니다. 처음에는 한 분이 자청하셔서 성도가 10명이 되기 전까지 자비로 공동식사를 준비하셨습니다. 성도가 10명이 넘어서면서부터는 교회의 재정으로 장년들이 식사를 준비했습니다. 그런데 대학교 근처에 교회가 있다 보니 청년들이 점점 더 늘었고, 어른들이 식사를 준비하는 것을 당연하다 여기는 것이 옳지 않다는 생각을 하면서부터 청년들이 가지고 있는 은사를 발휘해 함께 돕게 되었습니다.

저는 모태신앙으로서 교회가 예배 후 함께 식사를 하는 것은 매우 자연스러운 일이었고, 별다른 생각 없이 즐겁게만 식사를 하다가, 설교를 통해 공동식사의 의미와 중요성을 배우게 되었습니다. 공동식사는 한 몸 됨을 드러내는 성찬의 연장선에 있습니다. 주안교회에서는 정회원들만 성찬을 하지만, 공동식사는 성찬의 개념이 확장되어 모든 성도가 한 몸임을 육체적으로도 드러내고 경험하는 장입니다. 우리는 비록 매일 함께 식사를 할 수 없지만 매주 예배 후 공동식사를 함으로 우린 원래 한 몸 한 가족이라는 우리의 영적 실체를 마음에 새깁니다. 말씀을 통해 공동식사의 의미를 바르게 알고 나니 함께 맛있는 음식을 먹으며 교제할 수 있는 공동식사가 더욱 소중하게 생각되었습니다.

식사를 준비하는 성도들이 말씀 시간 중간 중간 음식이 잘 되는지 확인하다가 말씀을 놓치는 일이 생겼습니다. 그래서 말씀을 다 듣고 나서 준비해도 가능한 국수 위주로 메뉴를 바꾸고 식후에는 각자가 자신의 식판을 씻는 방법을 마련했습니다. 하지만, 장년부 어른들은 타지에서 온 대학생들과 자취생들에게 일주일에 한 번이라도 집밥을 먹게 해주고 싶으셔서 여러 가지 반찬과 밥으로 식사를 준비하셨습니다. 든든한 밥과 영의 양식인 말씀, 두 마리 토끼를 다 잡을 수 있는 식단이 무엇일까 고민이 이어졌습니다. 결국 카레, 짜장, 김치찌개 등 단품요리 위주로 식사를 나누며 영의 양식과 육의 양식을 동시에 챙기며 교회는 더욱 풍성한 은혜를 누릴 수 있었습니다.

11주년 쯤 교회가 2층으로 이사하면서 주방이 넓어지고, 또한 대학생들이 이제 든든한 청년이 되면서 이사한 날부터 전적으로 청년들이 공동식사를 준비하였습니다. 이제는 사역이 분화되어서 봉사부에서 준비하는데 공동식사와 설교 말씀 모두를 소홀히 할 수 없기에 주일 오전 8시부터 나와 준비하는 지체들도 있고 메뉴에 따라 새벽에 나와 준비하는 지체, 어떤 지체는 전날 저녁부터 준비하기도 합니다. 이렇게 공동식사는 정성스레 차려진 음식을 함께 먹으며 더욱 한 몸 됨을 누리는 은혜 충만한 자리입니다. 성찬과 공동식사의 중요성과 소중함을 잘 알기에 코로나로 인해 중단된 공동식사가 너무나 그립고 다시 함께 먹을 날을 간절히 고대해봅니다.

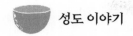 성도 이야기

섬김은 참으로 특권입니다

이순미 성도

주님께서는 우리 모두에게 은사를 주셨다는데 나의 은사는 무엇일까? 은사로 잘 섬기는 성도들의 모습을 보며 부럽기도 하고 내가 교회를 위해, 성도들을 위해 할 수 있는 것이 없을까? 아쉬움이 깊어가던 때가 있었습니다.

그러던 중 공동식사 재료를 준비 해 줄 수 있느냐는 제안을 받았습니다. 섬길 일이 있기를 바라고 있던 중이었지만 막상 고민이 되었습니다. 항상 4인 가족 음식만 준비해왔는데 갑자기 30~40인분의 식재료를 어떻게 준비해야 할까?

대량 구입을 해야 하는 것은 알겠는데 그 양이 얼마여야 할지 처음에는 가늠이 되지 않았습니다. 식단표를 전해 받으면 어떤 재료들이 필요한지 정확히 파악하기가 어렵기도 했습니다. 또, 어렵사리 재료를 구매해도 많은 재료를 차에 옮기고 교회에 가져 오기까지 여러 불편함이 있었습니다. 아침 일찍 식재료를 구입해야 할 때도 있었고 토요일 미리 구입해야 할 때도 있었습니다. 무엇보다 쉽지 않았던 것은 믿지 않는 남편의 잔소리에 눈치를 살피며 더 부지런히 시간을 내어 준비해야 했던 점입니다.

하지만 나의 수고로 예배 후 교회 가족들이 함께 교제하며 한 몸 됨의 공동식사를 누릴 수 있음이 무척 기뻤고 좋았습니다. 섬김은 희생이 아니라 특권이며 영광이란 말씀이 참임을 알게 되었습니다.

주안의 지체들은 맡겨진 일을 할 때 참 기쁘게 일을 합니다. 이 모습이 처음엔 이상하였으나 이제는 아주 익숙합니다. 이러한 힘은 우리에게서가 아니라 주님의 힘이요 은혜임을 압니다. 주님이 항상 지켜주시고 함께 하시기에 사랑으로 섬기며 채울 수 있는 것 같습니다.

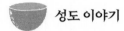 성도 이야기

코로나 특급 작전

이향순 성도

2019년 시작된 코로나는 2020년도 초부터 한국교회의 예배와 모임에 많은 영향을 주었습니다. 주안교회도 매주 진행하던 성찬과 공동식사를 정부의 방역수칙으로 인해 중단할 수밖에 없었습니다.

주일예배가 끝나고 교회에서 밥을 먹으며 교제하던 즐거움, 영과 육이 함께 살찌는 즐거운 공동식사가 중단되니 허전함과 공허함이 컸습니다. 그런데 이것도 습관이 되니 마치 원래 공동식사가 없었던 것 같은 일상이 지속되었습니다. 공동식사는 가족이 같이 밥을 먹듯이 서로를 식구로 여기며 함께 식사하는 것인데, 이 공동식사가 2년간 사라져버리고 우리는 이 상황에 점점 익숙해져 버린 것입니다.

2021년 8월 21일 토요일 밤! ZOOM으로 봉사부 회의가 소집되었습니다. 안건은 '전교인 공동식사'였습니다. 봉사부 신입회원인 저도 참석했구요. 정부의 방역수칙도 준수하며 공동식사 하는 한 몸 된 가족의 즐거움도 누리기 위한 방안을 모색했습니다. 전 교인을 GBS 조를 기초로 하여 4인1조로 구성했습니다. 그리고 도시락과 배달음식으로 예배 후 함께 식사할 계획을 수립했습니다. 예산과 메뉴가 결정되었습니다. 온라인 예배로 참석하시는 분이나 먼 곳에 사는 성도들을 직접 방문하여 음식을 전하고 함께 식사할 소그룹을 짰습니다. 그리고 매월 1회 둘째 주 예배 후 진행하기로 결정되었습니다. 2021년 8월 28일 정회원 회의에서 봉사부의 안건이 통과되어 9월 둘째 주 주일인 9월 12일부터 시행되었습니다. 봉사부에서는 다시 도시락 업체와 메뉴선정을 위한 논의를 거쳐 메뉴를 결정했습니다.

드디어 2021년 9월 12일 주일! 코로나 상황에서 첫 번째 공동식사가 시작되었습니다. 주일예배를 마치고 성도님들은 준비된 도시락을 들고 GBS 조별로 정해진 장소에 모여 맛있게 식사를 하였습니다. 함께 식사를 나누며 GBS 모임을 하여 말씀이 더욱더 풍성해지는 시간이었고, 또한 타 지역 성도들도 오랜만에 서로 대면으로 교제하며 한 몸 됨을 누리는 은혜의 시간이었습니다.

비록 4인1조인 공동식사이지만 우리는 주님께서 떡과 잔을 나누실 때 축사하셨던 것처럼 감사의 기도를 드리며 식사를 하였고, 주님의 은혜를 생각하는 시간이었습니다. 또한 성도들이 전톡방에 각 조의 식사 모습 인증 샷을 찍어 올렸고, 또 다른 조의 인증 샷을 보면서 공동식사의 즐거움과 기쁨을 함께 누릴 수 있었습니다.

방역수칙을 준수하며 진행하는 주안의 공동식사는 한 달에 한 번이고, 소그룹으로 모이는 아쉬움은 있지만, 하나님이 보시기에도 좋으시고, 방역당국이 보기에도 바람직한 공동식사라고 생각합니다. 앞으로 우리나라도 '위드코로나'로 전환하게 될 텐데 우리의 공동식사도 이와 함께 안전하고 발 빠르게 준비되어야 할 것입니다. 주님의 완성된 나라에서 우리가 다 함께 먹고 누리게 될 것을 기대하며 소망합니다.

▲ 매 주일 말씀을 들은 후, 보이는 말씀인 성찬으로
예수님의 죽으심을 기념하는 주안 성도들

◀ 주안교회는 세례와 세례 서약을 보호
하기 위해 정회원 제도를 시행하고 있
으며, 미국인인 윌리엄 성도가 정회원
서약을 하고 있다. 2018. 1. 7

▲ 코로나로 2년간 공동식사가 중단된 사태를 안타까워 하며 방역수칙을 준수하여
GBS 모임 별로 '코로나 특급 공동식사'를 하고 있는 주안 성도들. 2021. 9. 12

권징의 신실한 시행

누가 이 편지에 한 우리 말을 순종하지 아니하거든 그 사람을 지
목하여 사귀지 말고 그로 하여금 부끄럽게 하라 그러나 원수와
같이 생각하지 말고 형제 같이 권면하라 ── **살후 3:14-15**

성경은 죄를 범한 형제에게 말씀으로 권면하여 돌이키게 하고 그가
끝까지 회개하지 않으면 판단(재판)하여 벌하도록 말씀한다. 데살로니
가후서 3장 6-15절에 바울이 그릇된 재림관과 종말론을 가지고 무위도
식하며 무질서하게 살아가는 자들을 권징하도록 명한다(6절). 처음에
는 그들에게 가서 주 예수의 이름으로 권하여 "조용히 일하여 자기 양
식을 먹으라"(12절)고 말하게 한다. 그들이 순종하지 않으면 "그 사람
을 지목하여 사귀지 말고 그로 하여금 부끄럽게 하라"(14절)고 한다.
권면을 듣고 회개하지 않는 자에 대해 그 문제를 공적으로 다룬 후 교
제 금지의 권징을 내리는 것이다. 이때 권징의 태도는 "원수와 같이 생
각하지 말고 형제 같이 권면"(15절)하는 것이다. 적대감이나 미움이 아
니라 그를 부끄럽게 하여서 구원을 얻게 하는 것이 권징의 목적이다.

참된 교회에 권징이 있어야 하는 이유는 무엇인가? 교회가 하나님의
새 언약백성으로서 하나님의 영광을 드러내기 때문이다. 교회는 그리
스도의 희생으로 탄생한 "누룩 없는 자"(고전 5:7)로서 거룩성을 지켜
내고 하나님의 영광을 드러낸다. 또한 거룩한 하나님의 백성인 교회를
보호하기 위함이다. 교회는 참된 하나님의 백성으로서 그리스도의 충
만과 은혜를 누리지만 악한 세력의 위협과 미혹에 항상 노출되어 있는

것도 잊지 않아야 한다. 그래서 성도는 늘 깨어서 자신과 형제를 돌아보아 살피고 권면한다(갈 6:1). 개인적 차원에서 죄를 지적하고 회개를 권고해도 끝까지 회개하지 않는다면 교회적 차원에서 이 문제를 다뤄야만 한다(마 18:16-17). 만일 그 범죄를 그냥 내버려둔다면 그 당사자는 점점 더 멸망할 것이고 그 죄는 누룩처럼 퍼져서 다른 사람에게 악한 영향력을 행사하고 교회 전체의 거룩의 수준과 기대를 약화시킨다. 그렇기에 사도 바울은 고린도 교회에서 죄를 범한 자를 물리치지 않음을 엄중하게 책망(고전 5:2)했다.

권징의 대상이 되는 죄는 기독교 교리의 부인(요2 1:10-11), 교회를 분열시키는 행동(딛 3:9-10), 형제에 대한 비방(약 4:11) 등이다. 고린도전서 5장 11절에서는 사귀지 말고 함께 먹지도 말아야 하는 죄의 목록으로 음행, 탐욕, 우상숭배, 모욕, 술 취함, 속여 빼앗음이 제시되어 있다. 그러나 이러한 죄에 대해 교회가 공식적으로 권징하기 위해서는 겉으로 보이는, 심각한, 회개하지 않는[150] 명백한 증거들이 있어야 한다.

역사적 기독교는 교회 안에서 늘 권징을 시행했다. 칼빈은 권징의 필요성과 중요성을 다음과 같이 역설했다. "권징을 혐오하여, 권징이라는 말조차도 싫어하는 사람들은 다음 사실을 이해해야 할 것이다. 어떤 사회도, 아무리 작은 가족이라도 권징 없이는 적절한 상태를 유지할 수 없으니, 가능한 한 질서를 잘 유지해야 할 교회로서는 더욱더 권징이 필요하다는 것이다. 따라서 그리스도에 대한 구원하는 교리가 교회의 영혼이듯이, 권징은 교회의 근육(힘줄)인데, 이 근육에 의해서 몸의 지체들이 각각 자신의 위치에 있도록 함께 묶여져 있다."[151]

참된 신자의 열매인 거룩을 중시했던 존 웨슬리도 '권징의 사람'이었다. 그는 정기적으로 여러 곳의 신도회나 속회를 방문하고 권징을 행했다. 1748년 방문했던 브리스톨에서는 회원 900명을 730명으로 줄였다. 항구도시였던 브리스톨에서 밀수가 횡행하였는데 밀수에 가담한 사람들을 출교시킨 것이다. 신도회에서는 64명을 출교했다. 두 명은 저주한 것 때문에, 두 명은 습관적으로 주일을 범하는 것, 17명은 술 취함으로, 둘은 술파는 것, 셋은 싸우는 것, 한 사람은 아내를 때린 것, 셋은 습관적인 거짓말, 네 명은 욕설 때문에, 하나는 게으름 때문에, 29명은 경박하고 부주의함 때문에 출교되었다. 출교된 자들은 그 행실을 고치면 속회(교회)로 다시 받아들여졌다.[152]

침례교회 역시 권징의 바른 시행의 역사를 가지고 있다. 그렉 윌즈는 미국 침례교회들이 가장 높은 비율의 권징을 유지했던 1790년부터 1860년 사이에 미국 인구 성장률의 두 배에 해당하는 역사상 가장 높은 교회 성장률을 기록했다고 주목했다. 그러나 후에 교회에서 권징이 쇠퇴하자, 교회 성장도 같이 쇠퇴하였다고 지적했다.[153]

◆ 직분

주안교회는 하나님이 세우신 직분을 통해 하나님의 권위로 권징을 시행한다. 따라서 성경의 가르침을 따라 직분자를 세울 때 반드시 투표를 통해 선출한다. 교회의 직분은 섬김으로 하나님의 일을 하는 귀한 자리다. 직분의 이해에서 가장 주의해야 할 점은 직분을 계급으로 생각하는 것이다. 또한 직분은 교회에서 성령의 사람들로 선출되어 충성하는 자리다. 선출된 직분자는 임기제이며 임기가 마쳐지면 다시 피택이 되기까지 회원의 일원으로서 열심히 돕는다. 그러므로 주안교회는 교회 생활을 열심히 하거나 일정한 시간이 지나면 승진하듯이 담임 목사가 주관적으로 직분자를 세우는 것을 경계한다. 직분자는 성도(정회원)들의 투표로 선출한다.

하나님이 교회 중에 몇을 세우셨으니 첫째는 사도요 둘째는 선지자요 셋째는 교사요 그 다음은 능력을 행하는 자요 그 다음은 병 고치는 은사와 서로 돕는 것과 다스리는 것과 각종 방언을 말하는 것이라 —— **고전 12:28**

성경은 교회의 머리이신 주님께서 교회를 다스려 가실 때 직분자를 세우셔서 통치하심을 말씀한다. 바울은 성령님께서 교회 가운데 장로들로 감독자를 삼아 자기 피로 사신 교회를 보살피게 하셨다고 한다(행

20:17,28). 직분은 하나님께서 주님의 교회를 통치하시기 위해 친히 세우신 것이다.

직분 중에서 특별히 말씀과 가르침으로 교회를 다스리는 직분이 목사(감독)와 장로다. 바울은 말씀과 가르침으로 교회를 다스리는 장로들을 배나 존경하라고 가르친다(딤전 5:17). 또한 바른 교훈으로 권면하고 거슬러 말하는 자들을 책망하게 하려고 디모데에게 각 성에 장로들을 세우게 했다고 한다(딛 1:5,9). 베드로는 장로들에게 하나님의 양 무리를 치라고 한다(벧전 5:1-2). 양 무리를 치는 것은 말씀의 꼴을 먹일 뿐만 아니라 양 무리가 어긋난 길을 갈 때 길을 바로잡아 주는 교정을 포함한다. 바울 자신도 교회를 다스리는 감독으로서 범죄한 자들을 출교하여 그가 훈계를 받게 하고 교회와 하나님의 영광을 보호하였다(딤전 1:20).

목사와 장로는 말씀을 가르치고 권징을 행함으로 교회를 다스리고 보호한다. 그러므로 하나님의 다스림에 순종하는 교회는 곧 다스리는 직분에 순종함으로 하나님의 말씀에 순종한다.

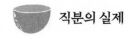 직분의 실제

하나님의 선물

안혜진 성도

주안교회는 2014년 정회원 제도를 시행한 이후, 이듬해 5월에 정회원들의 투표를 통해 담임 목사님을 위임했고, 그 해 9월 첫 직분자 투표를 시행했습니다. 모든 제도가 그러했듯 직분자를 투표로 선출하는 일도 처음이었기에 그 목적과 의미에 대한 설교를 들으며 기도로 투표를 준비했습니다.

목사는 교회를 지키는 직분자로, 양떼를 다스리며 가르치는 자입니다. 감독으로서 책망할 것이 없이 본이 되어야 하며, 복음에 대해 모든 것을 가르쳐 지키게 함으로 교회를 보호합니다. 담임 목사님은 우리 교회를 개척하신 분이었기에, 당연히 목사님으로 여겨왔습니다. 그런데, 스스로 정회원들의 인정을 받아 세워지기를 자처하셨고, 정회원들 또한 위임하는 과정을 통해 하나님이 선물로 주셨음과 우리의 책임에 대해 더욱 깊이 인식할 수 있었습니다.

담임 목사님이 말씀으로 하나님 나라를 선포한다면, 집사는 목사님의 사역을 도와 교회를 세우는 가운데, 특별히 구제함으로 성도들이 하나님 나라를 실제적으로 누리게 하는 자입니다. 집사는 'servant'라는 단어에서 알 수 있듯, 진흙탕에 뛰어들어, 궂은일도 마다하지 않고 가장 낮은 자리에서 성도들을 섬기는 자입니다. 다른 한편으로, 성도 된 입장에서는 집사가 하나님이 주셨으며 교회의 인정을 받은 직분자임을 기억하며 온 마음 다해 존중하고 순종해야 합니다.

많은 교회들이 신앙의 연차에 따라, 혹은 나이에 따라 직분을 주곤 합니다. 또, 직분자들이 자신의 직무에 대해 잘 모르는 경우도 많습니다. 그렇기에 교회가 바른 방향으로 인도하는 것이 중요합니다. 집사는 당연직도, 영원직도 아닌 항존직입니다. 집사의 직분 자체가 계속해서 존재하는 것이지, 한 번 집사가 되었다고 영원히 집사인 것은 아닙니다. 그래서 주안교회는 집사의 임기를 3년으로 정하고 임기가 끝나면 안식기를 가지며 쉼을 얻는 동시에, 직분 없이도 교회를 위해 살아가는 모습을 보여줍니다. 안식년을 통해 점검이 되어 다시 집사로 선출된다면, 그만큼 영광스러운 일이 또 없습니다.

주안교회 집사의 현재 기준은 다음과 같습니다.
1) 기존 집사 제외 (기존 집사는 안식기 후 다음 투표 때 재투표)
2) 25세 이상
3) 정회원 임명 후 1년 이상
4) 산모 출산 후 1년 이상 (여성)
5) 군대 전역 후 1년 이상 (남성)

위 기준들은, 정회원들이 충분히 지켜볼 수 있는 기간과 직분을 감당할 성도에 대한 배려가 포함된 기준입니다. 직분자 투표는 매년 진행하며, 투표한 정회원의 2/3 이상 득표 시 선출됩니다. 현재 7회까지 진행되었으며, 5명의 집사가 있습니다.

첫 투표를 통해 집사들이 선출되었고, 교회의 큰 축제가 되었습니다. 그동안 정회원 제도를 통해 유기체적 교회를 점점 누리게 되었다면, 직분자 선출을 통해서는 조직체적 교회를 누리며, 어려움이 실제적으로 해결되는 등 하나님 나라를 더욱 가까이에서 누릴 수 있었습니다. 하지만, 1, 2회 투표 이후, 몇 년 간 새로운 집사가 선출되지 않아 어려운 시기를 겪기도 했습니다. 처음에는 선출되지 않는 것 또한 우리에게 은혜이며, 우리 자신을 돌아보며 더 힘쓰고자 다짐하는 의미 있는 시간이었습니다. 하지만, 미선출이 거듭되니 그동안 집사들이 맡았던 사역을 기존에 남은 소수의 집사가 감당해야 하는 어려움이 생겼습니다. 집사의 공백을 채우기 위해 임기 연장에 대한 긴급 논의가 진행되기도 했지만, 결국 정회원들이 더욱 적극적으로 뛰어들어 함께 감당하기로 했고, 수년간의 공백기 끝에 6차 투표부터 다시 새로운 집사가 선출되어, 어느 때보다 큰 감사와 기쁨이 되었습니다.

직분자들이 많은 일들을 앞장서서 감당하다 보니, 오히려 다른 성도들이 수동적으로 되는 부분도 있고, 듣고 싶지 않은 권면도 집사들이 하기에 많은 비난과 불평을 듣게 되기도 했습니다. 그럴 때마다 우리는 다시금 우리의 소망을 기억합니다. 우리의 소망은, 교회에 방문자가 왔을 때, 집사가 누구인지 모를 정도로 모두가 집사의 일을 하는 것입니다. 집사님의 권면에 순종할 뿐 아니라, 그들을 돕기까지 해야 합니다. 이를 위해 각 부서를 기반으로, 1인 1사역을 감당하며 목자, GBS 리더 등이 집사의 마음을 품고 그들의 사역을 함께 감당하려 애쓰고 있습니다.

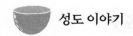

"이제야 이해가 되었습니다!"

강민정 성도

"구속사와 교회론이 통합되고, 다스림과 직분론이 한데 모여 정리되었습니다. 삼위 하나님께서 교회를 다스리심이 바로 직분을 통해 다스리고 계심을, 그로 인해 교회의 충만이 배가 됨을요"

교회론 수강 소감으로 적었던 내용입니다. 저는 DBS, 강해설교(구속사와 예수 그리스도의 십자가 복음과 교회론을 기반으로 한 주일 설교 말씀), 기타 교육을 통해 교회의 방향성을 열심히 따라가고 있었음에도 '다스림'의 개념을 잘 모르고 있었습니다. 그래서 '다스림'이란 삼위 하나님의 다스림만 기억되어 그렇게 묵상하고 적용하였습니다. 직분에 대해서는 큰 의미를 부여하지 않은 채 성경에 나와 있으니 존재하는 직분으로 이해했습니다. 그저 보호하고 지키기 위한, 체계를 잘 유지하기 위한 하나의 계급으로 받아들였습니다. (그렇게 계급이 아니라고 외치는 설교 말씀에도 불구하고요!)

하지만 지속적으로 말씀을 통해, 교회가 무엇인지 알면 알수록 선명해졌습니다. 처음에는 구속사를 통해 옛 언약 백성이 아닌 새 언약 백성이되어 그리스도의 모든 복을 누리고 살 수 있게 되었음을 믿음으로 고백했습니다. 또한 새 언약 백성에게 주시는 복은 교회에서 서로 사랑하며 창조의 때를 회복한 모습임을 알게 되었고, 그렇게 살아가려 애썼습니다. 그리고 마침내 이미 임한 하나님 나라의 현시인 교회에는 오직 주님만을 찬양하고 복을 누리도록 주신 분깃이 바로 직분임을 알게 되었습니다.

서로 누리며, 온전해져 가는 유기적 관계를 맺을 뿐 아니라, 주님 한 분만으로 살아감을 고백하도록 돕는 조직적인 교회를 주셨다는 것이 놀랍도록 아름다웠습니다.

저는 주안교회가 직분을 통해 교회의 충만이 넘치는 하나님 나라임을 매번 마주합니다. 성경을 통해 믿을 뿐 아니라 교회가 현시임을 생생하게 느껴 더욱 소망이 됩니다. 목사님께서는 성경을 통해 교회를 다스리기 위해 말씀을 바로 전파하셨고, 집사님들께서는 하나님 나라의 현시임을 굳건히 믿어 정서적 물질적 가난이 없도록 발이 닳도록 뛰어다니셨습니다. 아직 완성되지 않은 이 땅에서 죄와 함께 싸우기 위한 과정에 슬픔과 상처가 있었지만, 이 또한 주님의 충만함을 소망하며 모든 성도와 함께 싸워가기 위해 달려왔습니다.

직분을 통해 하나님 나라가 교회로 이뤄졌음이 더욱 선명해집니다. 이를 믿는 자들이 더욱 교회를 귀히 여기고 자신의 몸을 돌보는 것처럼 다른 이를 돌보는 것이 복됨을 고백합니다. 앞으로도 주님께서 직분을 통해 돌보실 것을 기대하고 소망합니다. 믿음대로, 모두가 직분을 사모하며 내 옆에 지체와 한 몸이 되었음을 더욱 기쁘게 드러내기를 소망합니다. 할렐루야!

◆ 권위

주안교회는 교회 권위의 근원이 머리되신 예수 그리스도이심을 믿는다. 예수님께서 사도들에게 그 권세를 주셨고 교회에게 주셨고 목사에게 주셨다. 주안교회 목사는 주님의 보내심을 받아 교회를 다스리는 일을 한다. 이 권세를 그리스도에게서 받은 것이므로 진리를 증거하는 권세와 자비를 행할 권세가 있다. 또한 교회의 거룩을 지키기 위한 권징의 권위가 있다. 하나님의 말씀의 주권을 높이며 회개하게 하여 새 생명을 갖게 하는 것에 목적이 있다. 교회의 권위는 영적인 것이기에 혈기의 분노가 아닌 영적 교제에 대한 권위다.

또 내가 네게 이르노니 너는 베드로라 내가 이 반석 위에 내 교회를 세우리니 음부의 권세가 이기지 못하리라 내가 천국 열쇠를 네게 주리니 네가 땅에서 무엇이든지 매면 하늘에서도 매일 것이요 네가 땅에서 무엇이든지 풀면 하늘에서도 풀리리라 하시고 ─── 마 16:18-19

예수님은 마태복음 16장 16-19절에서 베드로의 신앙고백 위에 교회를 세우시고 음부의 권세가 이기지 못할 것을 선언하시며 교회에게 매고 푸는 권세인 천국 열쇠를 주셨다. 이 권세는 예수님께서 하나님께 온전히 순종하심으로 하나님께서 예수님께 주신 권세이다(마 28:18).

땅에서 매고 푸는 교회의 권세는 마태복음 18장 17-18절에서 죄를 범한 자들을 다스리는 교회의 권징의 권세로 나타난다. "만일 그들의 말도 듣지 않거든 교회에 말하고 교회의 말도 듣지 않거든 이방인과 세리와 같이 여기라 진실로 너희에게 이르노니 무엇이든지 너희가 땅에서 매면 하늘에서도 매일 것이요 무엇이든지 땅에서 풀면 하늘에서도 풀리리라"(마 18:17-18). 복음을 전하여 천국 문을 열고, 회개하지 않는 자에게는 천국 문을 닫으며, 교회 안에서 범죄하고 회개하지 않는 자에게 출교의 권징을 시행함으로 천국 문을 닫는 권세가 교회에게 주어졌다.

오늘날 우리 교회에는 '주님께 순종하여 살겠는가' 하는 물음에 대해서는 '아멘'이라고 대답하지만 '교회의 권위에 순종하여 살겠는가'에 대해서는 반감을 갖는 풍조가 있다. 이는 교회의 권위에 대해 바로 알지 못하기 때문이다. 주님께서는 교회에게 천국 열쇠의 매고 푸는 권세를 주시고 다스리는 직분자를 통해 교회를 통치하신다. 보이지 않는 하나님의 권위에 순종하는 것은 보이는 교회의 권위에 순종하는 것으로 나타난다.

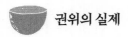 권위의 실제

하나님의 권위가 시행되다

홍준호 성도

'권위'라는 단어를 처음 들었을 때에는 부정적인 느낌이 가득했습니다. 하지만 주안의 성도들은 하나님을 경외함으로 공정하게 사용하는 경건한 권위는 사람을 성장시키며 하나님의 사랑의 시행이라는 것을 배웠습니다.

그리고 권위를 이해하고 하나님께서 지역 교회에게 주신 권위에 순종하려 노력해왔습니다. 치리를 받은 자들은 하나님의 교회에 다시 속하기 위해 회개하고 돌아오기에 힘썼습니다. 그리고 성도들은 그들이 돌아오길 기도하였고, 다시 말씀으로 교육하였습니다.

치리가 이루어질 때에는 한 몸 된 가족이 떨어져 나가는 큰 고통이 있습니다. 하지만, 하나님의 권위가 예수 그리스도를 통해 교회에게 주어졌기에 지역 교회는 매우 분명한 경계를 가지고 있어야 합니다. 그 경계 안쪽에는 회개하고 세례를 받은 사람이 있어야 하고, 경계 밖에는 그렇지 않은 사람들이 있어야만 합니다.

고린도전서 5장에서 바울은 고린도 교회가 반드시 시행해야 했던 권징, 권위를 시행하지 않은 것에 대해 교회를 꾸짖었습니다. 그렇기에 15년간 주안교회는 권위의 시행이 거룩한 사랑의 시행임을 알고 하나님의 교회로서 하나님을 경외함으로 세례, 정회원 제도, 치리를 통해 권위를 시행했습니다.

또한 예수님께서는 그분의 제자들에게 세례를 주라고 교회에게 명령하셨습니다. 그리고 성경에서는 오직 믿는 자와 믿지 않는 자, 또는 세례 받은 자와 세례 받지 않는 자들로 구분합니다. 그렇기에 교회는 그 사이에 정확한 경계를 그어야 할 사명이 있습니다. 그렇기에 주안교회는 이 명확한 경계선을 긋고 하나님의 사랑을 시행하기 위해 세례자, 정회원을 세울 때 권위를 사용합니다.

예수님께서 교회를 세우시고, 누가 정말 그리스도의 나라에 대한 신앙을 고백하는 자인지 판단하여 주님의 몸 안에 들이는 결정 권한을 교회에게 명시적으로 주셨습니다. 그렇기에 우리는 이 권위가 성경이 아닌 다른 것들에 의해 훼손되지 않도록 힘써야 할 것입니다. 15년간 이 권위를 잘 지켜온 만큼 앞으로도 권위를 지켜 하나님께서 원하시는 교회로 더욱 강건히 세워져 갈 주안교회를 소망해 봅니다.

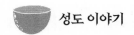 성도 이야기

"모두 스푸다존테스!"

유명진 집사

우리 주안교회가 하나님의 은혜로 설립 15주년을 맞이했습니다. 한 국 나이로 열다섯 살, 중학교 2학년, 한창 사춘기로서 성장의 몸부림이 있는 시기죠. 2021년은 주안교회 역사상 가장 기억에 남는 또 한 해가 될 것 같습니다. 성경적 교회를 꿈꾸며 달려온 주안교회가 큰 몸살을 겪 었지만 다시 말씀과 골방기도로서 회복하고, 더 견고한 진리 위에 서기 위해 몸부림쳤던 해이기 때문입니다.

올해 교회가 앓았던 성장통을 권위의 측면에서 생각해보았습니다. 저 는 교회의 권위를 성경에서가 아니라 초등학생 시절 한 고약한 사건을 통해서 배웠습니다.

"목사님께 불순종하면 하나님께 저렇게 벌 받는 거야" 담임 목사님과 큰 말다툼을 하고 돌아가시던 장로님이 교회 앞, 횡단보도에서 교통사 고로 즉사하시자 권사님들이 수군거리던 이야기였습니다. 교회에서 놀 다가 우연히 들었던 권사님들의 이 말씀이 어린 제게 각인이 되어 목사 님은 절대 순종의 대상이 되었습니다. 그러나 청소년기와 청년기를 보 내면서 이 '절대 순종'은 드러내지는 않지만 '은밀한 반항심', '불쾌감'으 로 바뀌어갔습니다. 그러면서 이 불순한 마음이 드러나지 않도록, 들키 지 않도록 무던히도 애썼던 기억이 납니다.

진리에 대한 갈망과 예수님께 올인하여 살아보고 싶은 마음이 간절 해져 갈 때 하나님의 인도하심으로 주안교회에 오게 되었습니다. 주안교회에서 바른 복음을 배우고 교회가 무엇인지 배워가면서 너무나 많은 은혜를 누렸습니다. 그리고 올해 들어 여러 가지 사건과 말씀의 가르침을 통해 권위에 대한 정립이 심화되었습니다. 매년의 집사 투표 전 전해 주시는 주일 직분 설교를 들으며, 정회원의 필독서인 『당신이 오해하는 하나님의 사랑』을 통해서 여러 고민을 풀게 되었고, 교회의 3대 표지에 관한 강해설교를 통해서 명확하게 정리하고 적용해 가고 있습니다.

예수 그리스도는 본디 권세를 가지고 계셨으나, 하나님의 구속사역에 순종하시고 성취하심으로 인하여 하나님의 모든 권세를 받으셨습니다. 십자가의 죽으심과 부활, 승천하셔서 하늘 보좌 우편에 앉으시고 온 우주만물의 주가 되셨으며, 교회의 머리가 되신 주님은 그가 받으신 권세를 교회에 위임하셨습니다.

그리고 주님은 이 권위로서 복음을 가르쳐 지켜 행하게 하고, 신실한 신앙고백을 가려내어 성례를 시행하며, 그들의 제자도를 감독하고, 위선자들을 쫓아내어 거룩한 교회로 세워 가시기를 원하십니다.

이 권위를 받아 권징을 시행하는 사람이 바로 지역 교회의 목회자와 직분자인데, 성경의 진리 안에서 기도하며 이 사역을 감당하고 있는 것이기에 성도는 그 권위 앞에 순종하는 것이 마땅합니다.

권위에 대한 불신, 대적하는 행동들을 대면했던 올 초를 돌아보며, 왜 집사인 나는 그들에게 단호하게 훈계하지 못하고, 목회자와 직분자를 적극적으로 보호하지 못했는지를 돌아보며, 하나님의 말씀보다 성도와의 관계를 더 중요하게 생각했던 것을 회개하였습니다.

앞으로도 교회 안에 들어와 복음을 왜곡시키고 분열을 조장하는 시대정신을 분별하여, 교회를 보호하고 바르게 세워갈 수 있도록 전심을 다해야겠다는 마음을 다집니다.

하나님이 교회에 부여하신 권위는 우리가 생각하는 것보다 놀랍습니다. 하나님은 지역 교회 성도들과 그의 값진 복음을 보호하시기 위하여 교회에 권위를 주셨고, 제도와 권징을 행하도록 하셨으며, 그것이 주께서 보이신 사랑입니다. 주님 오실 날까지 우리가 교회의 보호를 받지 못한다면 절대 혼자서는 믿음 안에 바로 서기 힘들 것이고, 고아와 같을 것입니다.

권위는 사랑이라 말할 수 있습니다. 주안교회가 주께 받은 복음의 진리 안에서 이 바른 사랑으로 성도들을 온전하게 세워가며, 거룩한 하나님 나라의 영광을 나타내기를 소망하며 모두 스푸다존테스!

◆ 목장

주안교회는 사랑의 공동체를 지향하며 그 일환으로 매주 목장을 시행한다. 목장은 함께 식사하는데 비록 화려하지 않은 식단이라 할지라도 자신의 집에 초대하여 한 가족으로 받아들여 함께 먹는 것을 중요하게 여긴다. 식사를 하며 소소한 일상에서부터 말씀의 나눔까지 일주일간의 삶을 나누는 장이다. 삶과 신앙의 모든 것을 나누기에 가장 친밀하면서도 문제가 일어날 때 어느 누구보다 먼저 알게 되는 곳이 목장이다. 그러므로 범죄하거나 복음에서 어긋날 때 사랑으로 권면하고 기도하며 마음을 쏟아 일상의 삶의 거룩함을 지켜나가는 첫 단추가 목장이다.

> 오직 오늘이라 일컫는 동안에 매일 피차 권면하여 너희 중에
> 누구든지 죄의 유혹으로 완고하게 되지 않도록 하라
> ___ 히 3:13

성경은 교회적 차원의 권징에 앞서 성도들 서로 간에 일상적으로 권면할 것을 말씀한다. 성경이 서로 가르치고 권면하도록 명하는 것은 악한 영적 세력과 죄악으로부터 교회를 보호하는 의무가 어느 특정한 사람들에게만 있지 않기 때문이다. 또한 일상적인 권면은 지체가 죄를 범

하기 전에 깨어있게 하고, 죄가 완고해지기 전에 돌이키게 하는 데 큰 유익이 된다.

지금의 시대정신은 서로의 삶에 개입하거나 관여하지 않는 것을 미덕으로 여긴다. 그러나 성경은 성도가 함께 살아가며 서로 개입하고 권면하여 덕을 세우라고 말씀하고 있다. 교회의 더 작은 교제의 단위인 목장은 이러한 일상적인 권면이 이뤄지기 용이한 곳이다. 목장에서의 친밀한 교제를 통해 말씀에 반응하여 사는 일상적인 삶과 그의 가치관이 세세하게 드러나기 때문이다. 이미 임했으나 아직 완성되지 않은 하나님 나라에서 살아가는 성도들은 누구든지 죄의 유혹에서 온전하지 않다. 목장에서의 피차의 권면은 '믿지 않는 악심을 품고 하나님에게서 떨어지지 않게' 하며 '처음의 확신을 끝까지 견고히 붙잡아 그리스도와 함께 참여한 자'가 되게 하는데 유익하다.

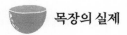 **목장의 실제**

목장의 세 가지 유익

서윤희 사모

주안교회는 15년 전 나사렛대학교 인근 지하에 개척되었습니다. 당시 주안교회의 수요 예배가 신앙이 있는 대학생들에게 소문이 나 주안교회에 자연스레 대학생들이 모이게 되었습니다. 특별히 수요 예배 시 찬양팀으로 섬겨주는 학생들이 있었는데 이들을 집으로 초대해 식사를 한 것이 목장의 시초로 기억됩니다. 그즈음 '가정 교회'에 대한 교회 형식을 배우게 되어 이를 계기로 목장 모임이 본격적으로 시작되었습니다.

　목장 모임은 목자의 가정에서 식사를 준비합니다. 당시 3개의 목장이 있었는데 일주일에 3회씩 8개월 동안 사택에서 매주 섬겼습니다. 8개월이 지날 무렵 또 다른 목자들이 세워졌고 저희 집에서의 모임은 한 달에 한 번 목자들을 대상으로 초원모임으로 진행했습니다.

　목장의 유익은 너무나 컸습니다. 첫째, 목장은 같이 식사하는 작은 가족 공동체입니다. 지금은 모든 목자들이 능수능란하게 요리를 잘 하지만 당시는 식사 한 번 준비하려면 이삼일 동안 고민하며 준비를 했습니다. 당시 대학생이었던 목자들은 용돈을 아끼고 아껴 장을 보고 레시피를 찾아가며 식사를 준비했습니다. 식사를 같이 한다는 것은 가족으로 여긴다는 의미가 있어 찌개 하나도 손수 끓여 준비했던 목자들의 모습이 생각납니다. 환경은 더욱 좋지 않았지요. 식기가 없어 일회용품을 사용하고 상이 없어 바닥에 앉아 먹었지만 주님 안의 가족들을 위해 준비한다는 것이 즐겁기만 해 수고가 수고로 느껴지지 않는 시간들이었습니다. 가끔 반찬 투정을 하는 구성원들이 있어 목자들이 애를 먹었지만 8개월간 매주 3회씩 식사를 준비했던 사택에서의 모임을 생각하며 이겨낸다는 말을 들을 땐 내심 뿌듯함이 있었습니다.

　둘째, 목장은 식사만이 아니라 말씀 나눔부터 삶의 소소한 나눔까지 진행하여 힘을 주는 시간이었습니다. 삶의 문제도 같이 고민하고 기도해주며, 주일 말씀을 다시 묵상하며 힘을 내는 장이었습니다. 목장을 통해 많은 애로 사항이 있었지만 반대로 목장을 통해 많은 문제가 해결되기도 했습니다. 학교 문제, 연애 문제부터 가족의 전도와 신앙의 고민까지 이야기하고 눈물을 흘리며 기도하는 삶과 신앙의 체험 현장과 같습니다.

　그중 목자의 돌봄을 잊을 수가 없습니다. 당시 목자는 강력한 리더십과 섬김을 겸한 자들이었는데 목장의 구성원들을 심방하고 돌보며, 권면하는 중요한 역할을 맡았고 훌륭하게 해냈습니다. 그것이 지금까지 영향을 미치는 것을 보면 그 때 당시 목장을 너무나 훌륭하게 잘 이끌었음을 알 수 있습니다.

셋째, 목장은 신앙이 없는 사람들을 초대하는 장이었습니다. 이들이 아주 중요한 사람이라는 의미로 VIP라고 불렀습니다. 교회로 바로 데리고 오기보다 목장을 통해 같이 식사를 나누고, 성도들의 삶을 나누면서 말씀을 전하는 시간으로 선교의 전초기지 역할을 했습니다. VIP를 목장에 초대하고 교제를 한 다음 관계가 형성이 되면 교회로 초청해 말씀을 들을 수 있게 인도했습니다. 한 명 한 명 VIP를 정하고 그들을 초대하기 위해 한 목장 한 목장 얼마나 열과 성을 다 했는지 모릅니다.

이 모든 열정들이 주안교회의 한 축이 되었습니다. 5년 정도 지나자 주변 개척교회에서 주안교회 목장을 문의하기 시작했고 탐방을 하는 일도 잦아졌으니 주안교회 목장은 꽤 자랑거리였습니다.

주안교회 목장은 개척 후 15년간 매주 각 목장에 성도들을 초대하여 자신의 집을 개방하고 식사를 대접하며 말씀으로 권면하는 일을 지금도 하고 있습니다.

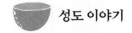 성도 이야기

지체들의 권면에 순종하게 하신 은혜

김소영 성도

　지금까지의 신앙생활을 돌아보면 목장이라는 소모임을 통해 지속적으로 권면을 받았기에 바른 길을 갈 수 있었습니다. 저는 대학 시절부터 주안교회를 다니기 시작했습니다. 성인이 되면 누구나 그렇듯 스스로 결정을 내리는 일이 많아지기 시작합니다. 올바른 결정을 내릴 때도 있지만 미숙한 나머지 후회를 하는 경우도 많이 있습니다. 하지만 저는 목장을 통해 이런 시행착오를 많이 줄일 수 있었습니다. 사소한 고민들부터 중대한 선택 앞에서 목장 식구들의 많은 도움을 받았습니다.

　성인이 되기 전부터 대학생이 되면 꼭 워킹홀리데이를 가겠다고 결심했고, 이를 실현하기 위해 상담을 받으러 다녔습니다. 그 무렵, 주안교회의 초창기 멤버였던 성도가 워킹홀리데이를 몇 년 동안 갔다가 돌아왔습니다. 초창기에 주축으로 활동하고 누구보다도 열심으로 신앙생활을 해왔던 성도는 워킹홀리데이를 다녀와서 180도 변해 있었습니다. 개인적인 믿음이 흔들릴 뿐 아니라, 교회적 정체성도 많이 잃어버린 상태였습니다. 이를 보고 심각성을 느낀 지체들은 워킹홀리데이를 준비하려는 저를 극구 말리기 시작했습니다. 신앙적으로 더 배우고 견고해지는 것이 우선 돼야 한다고 권면했습니다. 처음에는 가볍게 듣고 넘겼지만, 매주 목장모임을 가지면서 계속된 설득과 권면을 통해 저는 계획을 취소하기로 결정했습니다. 취소하기까지 쉬운 결정은 아니었지만 목장에서 권면한 대로 비용계산을 해볼 때, 워킹홀리데이를 떠나는 것이 저와 교회에게 유익이 아닌 것을 알았습니다. 목자의 권면을 한 개인의 의견으로만 생각했다면 받아들이지 못했을 텐데, 직분자의 권면, 교회의 권면으로 생각하고 기도하면서 올바른 결정을 내릴 수 있었습니다.

직분자의 역할을 분담하여 세워진 목자를 존중하고, 목장 식구들을 사랑으로 믿고 의지할 때 깊은 고민도 함께 나눌 수 있습니다. 목장의 권면을 받을 뿐 아니라, 또한 목장 식구들에게 주 안에서 권면할 수 있어야 합니다. 우리가 주님의 한 몸 된 교회임을 믿을 때 서로의 권면을 받아들일 수 있습니다. 목장에서의 권면을 받은 후, 돌이키고 회개함으로 순종해야 합니다. 주님이 다시 오실 때까지 우리는 계속해서 권면을 하기도, 받기도 할 텐데 이에 순종하는 것이 마땅합니다.

◆ 심방

주안교회는 성도의 영적인 상태를 살피기 위한 목적으로 심방을 시행한다. 심방을 통해 예수 그리스도를 믿는 믿음만이 인생 최고의 위안임을 전하는 시간이다. 주안교회가 실시하는 심방은 목사 심방과 집사 심방으로 구분된다. 목사의 심방은 말씀을 믿고 흔들림이 없도록 권면하는 심방이다. 말씀을 잘 들었는지, 교리적으로 든든한 가운데 서 있는지 확인하고 견고하게 한다. 집사의 심방은 가정 형편을 돌보며 하나님의 은혜를 삶에서 누리는지를 점검하는 심방이다. 두 심방 모두 큰 문제가 일어나 치리권이 발동되기 전에 돌보고 예방하는 효과가 있다.

바울이 밀레도에서 사람을 에베소로 보내어 교회 장로들을 청하니
곧 모든 겸손과 눈물이며 유대인의 간계로 말미암아 당한 시험을 참고 주를 섬긴 것과 유익한 것은 무엇이든지 공중 앞에서나 각 집에서나 거리낌이 없이 여러분에게 전하여 가르치고
—— 행 20:17, 20

목사는 주일의 말씀 선포를 통해 전체 성도를 가르치지만, 때로는 성도 각 개인을 복음 안에 굳게 세우는 목회 심방을 행한다. 사도행전

20장에 사도 바울이 에베소 장로들에게 행한 목회 심방의 모습이 잘 나타나 있다. 바울은 마지막 길이 될 수 있는 예루살렘 행을 앞두고 에베소로 사람을 보내어 에베소 장로들을 청하여 만난다(17). 그리고 그들에게 매우 간곡하게 마지막 당부의 말씀을 전한다. 많은 고난 가운데서도 하나님의 은혜의 복음을 전하고 공중 앞에서나 각 집에서 모든 유익한 것을 거리낌 없이 가르친 것을 환기시키며 에베소 장로들이 자신의 본을 따르도록 촉구한다(18-27). 왜냐하면 장로의 직분이 성령과 하나님께서 자기 피로 사신 교회를 보살피게 하신 감독자이기 때문이다(28). 자신이 떠난 후 사나운 이리가 들어오고 제자들을 끌어 따르게 하는 거짓 교사와 가르침이 일어날 것을 말하며 자신이 밤낮 없이 눈물로 가르친 훈계를 기억하라고 한다(29-31). 에베소 장로들에게 행한 사도 바울의 마지막 심방은 에베소 교회를 능히 든든히 세울 하나님의 말씀에 부탁하는 것이었다(32). 목사의 심방은 성도들 개개인과 각 가정을 살펴 하나님 말씀으로 굳건하게 세우는 것이 목적이다.

 ## 심방의 실제

"너희 중에 가난한 자가 없으리라"

김정희 집사

주안교회에 직분자가 처음 세워진 때는 2015년 9월이었습니다. 정회원들의 투표로 3명의 초대 집사가 세워지면서 본격적으로 심방이 시작되었습니다. 교회가 교회됨으로 드러나는 표지 중에 심방은 중요한 섬김이라고 생각합니다. 심방을 통하여 우리 주안교회는 조금씩 한 몸 됨을 누리며 자라왔습니다.

심방에는 목사님의 목회 심방이 있어서 성도들의 신앙을 점검하고 또한 자라게 하는 유익이 있습니다. 집사들은 구제 심방으로 각 가정마다 방문하면서 정서적인 어려움은 없는지 경제적으로 궁핍하지는 않는지를 점검하여 이들이 하나님 나라를 누리지 못하는 일이 없도록 돕고 있습니다.

목회심방은 특별한 경우에 집사들의 요청에 의하여 하게 되었는데 2020년에는 전교인 심방으로 2월부터 7월까지 6개월에 걸쳐 대심방이 있었습니다. 목사님의 심방은 그동안의 집사 심방과 달리, 목사님께서 성도들의 회심에 대한 이해 및 경험과 그동안 설교를 통해 기억하고 믿게 된 내용을 철저히 점검해주셨습니다. 많은 성도들이 처음에는 부담을 가졌지만, 심방 이후에는 자신의 믿음을 점검하며 신앙생활을 돌아볼 수 있는 계기가 되어 큰 감사를 고백했습니다.

집사 심방은 성도들의 상황과 재정을 파악하며, 은사로 교회를 섬기도록 돕는 일반 심방이 있었고, 성도들에게 문제가 생겼을 때 필요에 따라 권면 혹은 해결을 돕는 특별 심방이 있었습니다.

일반 심방의 절차는 신앙의 전반적 상태, 재정 상황, 은사, 고민, 기도 제목에 대한 이야기를 나눕니다. 특별 심방에서는 주로 문제 상황을 다루고 면밀하게 개입하여 여러 번 권면하고 그럼에도 돌이키지 않을 때는 징계까지 이릅니다.

심방을 하는 집사는 성도들의 상황을 더 잘 알기에 기도하게 되고 지체들이 회복되고 자라는 모습들을 보며 오히려 믿음이 강해지고 성숙해지는 은혜가 있었습니다. 매월 제직회를 통하여 성도들의 심방 상황이 보고서로 제출되기에 그동안 지체들과 함께한 역사가 귀중한 기록으로 남아 있습니다.

심방은 말씀 사역의 전파가 잘 될 수 있도록 돕는 사역이기에 앞으로도 모든 정회원들이 뛰어 들어 동참해야 하고, 봉사적 개념만이 아니라 헌신하는 마음으로 교회를 든든히 세워가는 귀한 사역이 될 것입니다.

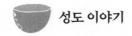 성도 이야기

6개월 대심방으로 성도가 굳게 서다

김재실 집사

작년, 코로나가 가장 기승을 부리던 시기에 교제의 장이 단절되고 예배조차 함께 모이지 못했던 때가 있었습니다. 함께 식사하는 것조차 조심스러운 시기여서 자연스레 지체와의 교제도 줄어들었습니다. 그러다 보니 모든 생활의 초점이 '나'에게 맞춰지고, 신앙도 '개인적 신앙'으로 자연스레 향하고 있었습니다. 하지만 예배와 여러 교육이 온라인이지만 그대로 진행되다보니 은근히 개인주의로 향하는 문제점을 제대로 인식하지 못했습니다.

담임 목사님께서도 그동안은 항상 바쁘게 다니시며 사역하시던 차에 코로나로 인해 잠시 여유를 가지게 되시자, 6개월에 걸쳐 모든 성도들에게 목회 심방을 하셨습니다.

심방을 위해 각자 신앙 간증문을 작성했습니다. 자라온 환경과 회심의 경험, 자신의 은사와 교회를 위해 힘쓸 영역 등 여러 질문들에 대답을 작성했습니다. 질문을 통해 나의 현 상황과 신앙 상태를 돌아볼 수 있었습니다. 목사님께서 심방하신다고 하니, 사실 걱정이 앞섰습니다. 목사의 심방은 예배 때 들은 말씀을 잘 알고 있는지, 그대로 살아가려 힘쓰는지 등을 점검하는 심방이라 알고 있었기에 처음 경험해본 저로서는 긴장 그 자체였습니다.

담임 목사님과 온라인으로 심방을 진행했고, 심방은 괜한 걱정이라고 할 만큼 좋은 시간이었습니다. 점검이나 부족한 부분에 대한 따끔한

질책이 아니라, 다시 은혜로 돌아가 예수 그리스도를 기억하는 시간이었습니다. 자라온 환경과 함께, 회심에 대해 깊이 나누었습니다. 율법은 모든 것을 항상 지켜야 하는 기준이기에 어떤 사람도 절대 율법을 통해 의롭다 함을 얻을 수 없으며, 예수 그리스도께서 자신을 드려 우리의 죄를 사해주신 것과, 예수 그리스도를 믿음으로만 의롭다 함을 얻게 된 모든 것이 은혜임을 잘 설명해주셨습니다.

심방을 통해 삼위 하나님의 사랑과 공의가 드러난 십자가의 은혜를 풍성히 누렸습니다. 목사님께서는 권면의 말씀을 직접 하지는 않으셨지만 복음을 구속사적, 은혜적 관점으로 다시 설명해주심으로 말씀을 나의 삶에 비춰 스스로 돌아보게 하셨습니다.

예수님께서 나만의 '개인 구원'을 위해 십자가에 달리신 것이 아니라 모든 사람을 위해 오셨으며, 교회를 세우심으로 공동체적 구원을 베푸신 은혜를 다시 한번 명확히 기억하게 되니, 나에게로 향해 있던 시선을 다시 자연스레 지체에게로 돌리게 되었습니다.

말씀을 기준으로 한 권면으로 심방을 진행할 때, 성도는 자신의 삶을 자연스레 돌아보고 방향을 바로 잡게 되는 은혜를 누립니다. 제가 심방으로 은혜를 기억하여 제 생활을 다시 돌아보게 된 것처럼, 다른 지체들 또한 복음의 은혜를 나누는 심방을 통해 교회의 권징과 보호를 풍성히 누리기를 소망합니다.

◆ 권징

주안교회는 권징이 교회를 보호하고 교회의 거룩을 고양케 하는 것을 믿고 권징을 시행한다. 범죄한 성도를 그냥 내버려 두면 안 된다고 생각하기 때문이다. 명백히 드러난 큰 죄들에 대해 권징하고, 회개하지 않을 때에는 출교도 시행해야 한다고 믿는다. 부모의 자녀에 대한 징계가 결코 즐겁지 않은 것처럼 교회의 권징도 결코 유쾌하지 않다. 그러나 범죄한 지체를 돌이키기 위해, 교회의 거룩과 그리스도의 영광을 보호하기 위해 권징을 집행한다. 주안교회는 범죄한 형제에 대해 주님께서 정하신 절차에 따라 주님이 주신 권세로 권징을 시행하고 있으며 언제라도 회개하면 일곱 번씩 일흔 번이라도 용서하며 기쁘게 받아들이고자 하는 마음으로 시행한다.

네 형제가 죄를 범하거든 가서 너와 그 사람과만 상대하여 권고하라 만일 들으면 네가 네 형제를 얻은 것이요 만일 듣지 않거든 한두 사람을 데리고 가서 두세 증인의 입으로 말마다 확증하게 하라 만일 그들의 말도 듣지 않거든 교회에 말하고 교회의 말도 듣지 않거든 이방인과 세리와 같이 여기라 진실로 너희에게 이르노니 무엇이든지 너희가 땅에서 매면 하늘에서도 매일 것이요 무엇이든지 땅에서 풀면 하늘에서도 풀리리라

＿＿ 마 18:15-18

예수님은 마태복음에서 성도 간의 권면과 교회의 권징 과정에 대해 세밀히 말씀하신다(마 18:15-20). 구체적인 범죄가 드러난 경우 그 형제에게 가서 일대일로만 상대해야 한다. 그때 형제가 권고를 들어 회개하면 형제를 얻은 것이다(15). 만일 듣지 않으면 두세 사람이 함께하여 그의 말마다 확증한다. 이때에도 회개하지 않으면 그 범죄의 문제는 교회에 넘겨진다(16-17). 교회는 교회의 정회원에게 권면하고 징계할 수 있는 권세를 가지고 있다. 교회가 갖고 있는 매고 푸는 권세(18)가 성도들의 삶을 지도하고 다스리는 권세이다. 교회는 치리권을 가진 기관(목사와 장로)이 공식적인 재판의 절차로 진행한다. 성경에 나타난 징계의 예는 교제 금지(살후 3:14), 성찬 금지(고전 5:11), 출교(고전 5:13)이다.

 **권징의 실제**

아픔, 그러나 참사랑 길

안혜진 성도

교회의 관할과 치리에 따르기로 동의한 정회원은 권리와 의무를 동시에 갖습니다. 정회원이 의무를 불이행하거나 방향성에 불순종할 경우, 그에 따른 책임을 지게 됩니다.

주안교회는 그 의무를 따르지 않고 드러나게 죄를 범하는 정회원을 징계합니다. 교회 안에서 누군가를 징계한다는 것은 결코 쉬운 일이 아닙니다. 그럼에도 주안교회가 정회원을 권징하는 것은, 교회를 죄로부터 보호하며, 죄를 범한 성도를 회개하게 함으로써 그의 영혼을 다시 얻기 위함입니다.

죄를 드러내고 책망하기보다 마음을 위로하며 허물을 덮어주고, 삶에 간섭하기보다 존중하는 것을 미덕으로 보는 것이 한국교회에 만연한 분위기입니다. 하지만 그것은 결코 성도를 위한 것이 아닙니다. 성도가 참된 믿음으로 순종하는 삶을 살기 위해서는 교회의 관여와 책망이 필요합니다. 교회는 권징을 바르게 시행함으로 각 성도와 교회의 거룩성을 지켜야 합니다. 주안교회는 여러 어려움과 시행착오를 겪으며, 권징을 시행해왔습니다.

공식적인 것은 아니었지만, 첫 번째 권징은 목사님과 해당 지체의 개인적 대화를 통해 이뤄졌습니다. 수 시간 동안 신앙과 방향성에 대한 깊은 이야기를 나눈 끝에, 그 지체는 자신의 잘못을 인정했고, 교회의 결정을 받아들이고 다시 회복되었습니다.

공식적으로는, 집사가 세워진 후에 권징이 시행되었습니다. 첫 번째 권징은 성도의 혼전임신 문제였습니다. 교회 안에서 많은 이들이 신뢰하고 따르던 지체이기에 그 자신에게도, 성도들에게도 이 문제를 공론화하여 다루는 것이 매우 힘든 과정이었습니다. 또, 처음으로 이루어지는 권징이었기에 집사들조차 어떻게 해야 할지 의견이 분분했고, 본인들에게 교회의 결정을 전하기까지 입이 떨어지지 않았습니다. 수차례 권징의 과정과 그들의 책임에 대해 이야기하는 과정 속에서, 사람은 감정과 이성이 함께 작용하기에, 당사자들의 입장에서는 서운함과 오해가 쌓이기도 했으며, 이미 주신 생명을 보호해야 하는 측면도 있어 많은 부분이 조심스럽고 신중하게 이루어졌습니다. 결국 부부가 교회의 모든 결정을 받아들였고, 공식적인 권징은 교회의 발표와 당사자들의 사과문, 그리고 수찬 금지로 이루어졌습니다.

이후에도 혼전임신, 낙태, 연락 두절, 한 몸 됨의 부정 등 모두 예민하고도 다루기 쉽지 않은 사건들에 대한 권징이 있었습니다. 마18:15-17의 절차에 따라, 집사들이 각 성도가 취약하거나 더욱 노출되어 있는 죄에 대해 미리 권고했고, 지체들은 주로 잘 받아들였습니다. 하지만, 드러나는 범죄까지 이어진 경우 결국 교회가 공식적으로 권징해야 하는 상황들이 생겼습니다.

이중처벌이 이루어진 경우도 있습니다. 한 부부가 혼전임신으로 권징을 받은 이후, 낙태의 죄까지 범한 것입니다. 이미 수찬 금지가 된 상태였고, 출교를 고민했으나, 범죄 이후에 교회의 결정에 따르고자 하는 지체들의 방향성을 수용하여 추가적으로 교제 금지 조치가 내려졌습니다. 낙태에 대한 징계가 이루어진 후에는, 성도들 또한 이에 대한 방향성에 무지했기에, 금요강좌를 통해 이에 대처하는 우리의 자세에 대해 배웠고, 죄를 범했으나 한편으로 많은 상처와 고통 속에 있을 지체들을 어떻게 도우며, 앞으로 이러한 일을 어떻게 방지할지에 대한 대안들까지 생각해보았습니다.

세상에서라면 충분히 용인할 만한 일인 데다가, 개인적인 문제이기에 관여 받고 싶지 않을 문제임에도, 교회는 하나님의 교회이기에, 성경적 기준에 따라 죄를 단호하게 치리함으로 하나님의 공의를 드러냈습니다.

성도들은 교회의 권위를 인정했기에 겸손하게 교회의 결정에 순종하고 모든 과정을 겪어냈습니다. 드러나는 죄를 범한 것은 사실이지만, 그런 과정을 통해 온 성도들이 자신을 돌아보게 되어 낮아지고, 엄숙해졌습니다.

또한, 공식적으로 진행되는 권징의 시간들을 통해 죄의 대가가 얼마나 두렵고 고통스러운 것인지 함께 경험했고, 죄를 더욱 미워하며 죄에 대한 민감도가 높아졌습니다. 권징을 당한 지체를 판단하기보다 내가 그 자리에 서서 처벌받아야 함을 알기에 그의 회복을 위해 간절히 기도하게 되었습니다.

한편, 교회의 한 몸 됨을 부정하고, 교회의 권고를 받아들이지 않아 결국 최후의 징계인 출교를 당한 자들도 있습니다. 수많은 권고가 개인적으로, 또 교회적으로 이루어졌지만, 결국 교회를 떠난 자들에 대해 출교 조치를 했습니다.

정회원으로 서약한 자들이었기에, 이들을 묶고 풀 권세가 교회에 있으나, 이들은 스스로 결정을 내렸습니다. 조치를 내릴 때는 이미 이들이 자발적으로 교회를 떠난 후였기에, 이들에게는 의미 없는 일일 수도 있었습니다. 그럼에도 교회에는 공식적으로 이들이 출교되었음을 공표하고 당사자들에게도 내용을 전달했으며, 회개를 권면하는 것 이외에는 교제가 금지되었습니다.

감사하게도, 출교 당했던 지체 중, 회개하고 교회에 돌아와 해벌이 시행된 경우도 있습니다. 마태복음 18장 18절의 말씀을 온몸으로 경험했던 순간입니다. 모든 성도들이 함께 놀라며 감격했고, 한 영혼을 다시 얻는 부흥의 기쁨을 누렸습니다. 출교는 아니지만, 결국 그 지체가 주안교회에 정착하지는 못한 것이 많이 안타깝습니다.

앞으로 주안교회에서는, 일상적인 개인의 권고들이 이루어져야 합니다. 각자가 개인의 짐을 져야 하지만, 한 몸 된 지체로서 다른 지체에 대한 책임이 있음을 알고, 한 지체가 죄 범하기까지 가지 않도록 집사뿐만 아니라 모든 성도들이 권고를 통해 참된 사랑을 행해야 할 것입니다. 그것이 지체를 보호하는 법입니다. 지체가 죄의 길로 가고 있음에도 내버려두고 피상적인 교제만 하는 것은 결코 그 지체를 위한 것이 아닙니다. 부모가 자녀를 바르게 양육하기 위해 수많은 훈계가 필요하듯, 참 사랑이 무엇인지 알고 행해야 할 것입니다.

또한 권면을 받았다면, 그것이 성경에 근거한 이상, 그의 직분이나 관계에 따라 순종의 여부를 결정하기보다, 때로 자존심이 상하고 때로 불명예스러울지라도 성령의 인도하심으로 여기며 겸허히 받아들여야 할 것입니다.

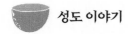 성도 이야기

"저의 죄가 세상에 알려지는 순간이
하나님의 심판대 앞이 아니었음이 은혜입니다"

김태진 성도

저는 주안교회 징계 1호입니다. 교회에서 징계를 받았다고 하면 대부분의 사람들은 수치스러워할 것입니다. 저의 경험으로서도 처음에는 수치스럽고 부끄럽고 한편으로 화가 나기도 했습니다.

하지만 지금은 저의 죄가 세상에 알려지는 순간이 하나님의 심판대 앞이 아니었음이 얼마나 큰 은혜인가를 생각해보게 됩니다. 그리고 그 징계의 시간이 은혜의 시간이었다고 고백하게 됩니다. 만약 저의 은밀한 죄가 하나님의 심판대에서 드러났다면 그 어떤 회개의 기회도 없이 지옥 불에 떨어져야 했기 때문입니다.

저는 신앙생활하기 싫다는 이유로 성도들에게 많은 상처를 주었습니다. 은혜를 나누기도 아쉬운 시간에 원망을 늘어놓고 사람들을 정죄하기 바빴습니다. 그럼에도 성도님들은 저를 감싸 주었습니다. 그러나 계속되는 권면에도 제가 죄에서 돌이키지 않자 징계가 내려졌습니다.

처음에는 자존심과 저의 감정만을 생각하며 징계 중에도 정신없이 원망과 비판을 하였습니다. 그러나 시간이 지날수록 알게 되었습니다. 저의 온전하지 못한 모습 속에서도 온 성도가 부모의 마음을 품고서 사랑으로 징계한다는 것을요. 그리고 한 지체가 다시 하나님 앞에 돌아오기를 간구하고 있다는 것을요. 탕자가 다시 아버지의 집으로 돌아가는 모습을 보기 위해 고통스럽게 징계를 시행하고 있음을요.

저는 징계로 부끄러움을 당한 뒤에야 죄의 엄중성, 교회의 거룩성, 회개의 은혜와 능력, 한 몸 교회에서 보호 받는 신자의 삶을 실제로 체험하게 되었습니다. 그리고 저의 죄를 회개하였습니다. 마치 부모의 마음을 알게 된 자녀의 모습처럼 하나님과 교회 앞으로 돌아왔습니다. 제게 교회의 징계 1호란 오명이 남았지만, 교회의 징계는 불 속에서 건짐 받게 하신 주님의 은혜였습니다.

▲ 주안교회 초대 집사 임직 2015. 11. 1

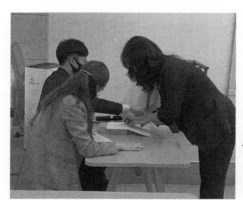

◀ 주안교회는 성경의 가르침에
따라 직분자를 세울 때 반드시
투표를 통해 선출한다. 6기 집
사투표 2020. 9. 27

주안목장 모임 ▶
천안 용연저수지
2020. 4. 11

주안에서 누린 하나님 나라

주안교회에서 누린 하나님 나라
- 말씀 · 성례 · 권징을 따라 -

오덕훈 목사 (김포 꿈꾸는교회 교육목사)

2016년 겨울 저는 저의 모든 것이 소진됨을 경험했습니다. 그간 선교 단체 사역과 교회사역 그리고 신학공부까지 더해지며, 더 이상 몸이 그 것을 견디지 못했고 2017년 모든 사역을 내려놓고 천안으로 내려왔습니다.

2016년에 신대원에 들어오면서 저의 형은 아나톨레(現 한책의사람 들)에 꼭 가서 성경연구방법을 배우라고 추천했고, 그곳에서 저는 주안 교회 담임목사님으로 섬기는 엄명섭 목사님을 만났습니다. 천안으로 내 려오면서 목사님과 주안교회가 생각이 났고, 목사님의 허락을 통해 주 안교회에서 새로운 삶을 시작할 수 있었습니다. 모든 것에 지쳐버린 저 는 사역자가 아닌 성도로서 주안교회에서 살기를 원했고, 목사님은 이 것을 허락해 주셨습니다. 모든 것이 소진된 저에게 주안교회는 생명수 와도 같았습니다. 복음의 말씀과 그 말씀에 따라 살기를 힘쓰는 지체들, 서로를 한 몸처럼 여기고 사랑하는 지체들을 보고 교제하며 정말 교회 적 존재로 살아가는 것이 무엇인지 몸소 배울 수 있었습니다.

이러한 2년간의 배움은 지금 강단에서 말씀을 선포할 때 예수그리스 도의 십자가와 한 몸 됨을 계속 말하게 하는 원동력이 되었습니다. 주안 교회 15주년을 맞아 이 삶을 다시 돌아보며 함께 은혜를 나누길 원합니다.

말씀

주일에 선포되는 말씀은 저의 소진된 마음을 채우기에 충분했습니다. 매주 선포되는 말씀에는 예수 그리스도의 복음과 한 몸 된 삶이 언제나 배어있었습니다. 말씀을 매주 들으면서 깨닫는 은혜는 이루 말할 수 없었습니다. 그 당시 저는 키보드를 들고 가서 그 누구보다도 열심히 말씀을 받아 적었습니다.

그 말씀을 들으며 회복이 일어났습니다. 마음 깊숙한 곳으로부터 눈물이 터져 나왔습니다. 그간 수많은 말씀을 들어왔지만 이렇게 눈물을 많이 흘린 적은 없었습니다. 하나님은 복음의 말씀이 얼마나 생명력이 있으며, 얼마나 감동케 하며, 얼마나 사람을 변화시킬 수 있는지 나의 변화를 통해 직접 보여주셨습니다. 이 말씀은 나에게 뿐만 아니라 우리 가족에게도 많은 영향을 미쳤습니다.

아내는 그간 기존 교회에서 살아왔던 모든 근간이 무너지는 것을 경험했습니다. 잘못된 전통에 근거한 근간이었기에 바른 것을 듣고 보며 무너지는 것은 당연했습니다. 물론 그것이 힘든 시간이긴 했지만, 그 이후 아내는 바른 말씀 위에 바른 교회론을 세우며 더 견고히 더 건강하게 성장할 수 있었습니다.

우리의 자녀들의 입에서는 죄의 본질이 '하나님의 주되심에 대한 거부'라는 명백한 단어가 고백되기 시작했고, 그 당시 주일설교 본문이 레위기였는데 자녀들의 입에서 5대제사(번제, 소제, 화목제, 속죄제, 속건제)가 그냥 줄줄 나오는 은혜를 경험했습니다.

주일설교 뿐 아니라 주일 오후에 진행되는 DBS 또한 행복한 시간이었습니다. 일 년간 DBS 리더를 하며 말씀을 연구하고 함께 나누는 기쁨을 누렸습니다. 주일오전예배의 말씀과 DBS 본문을 같게 함으로 연구한 본문의 말씀이 강단에서 말씀으로 나눠질 때 더 깊고 큰 은혜를 누릴 수 있었습니다. 지체들이 연구한 말씀을 들으면서도 은혜가 되었습니다. 제가 깨닫지 못한 부분을 지체들이 함께 나눌 때에 말씀의 풍성함은 배가 되었습니다. 또한 더불어 삶의 나눔은 지체들을 더 알아가고 한 몸 됨을 누릴 수 있도록 도왔습니다.

또한 처음 들어가 12주간 배운 육육이 교육은 교회의 생리를 이해하고 파악하는데 큰 도움이 되었습니다. 정회원 12명이 한 주씩 맡아서 아내와 저를 교육해 주었습니다.

아직도 기억에 남는 것은 성례에 대한 배움이었습니다. 그 배움을 통해 성찬을 더 간절히 사모하게 되었고, 성찬식을 통해 주님의 은혜와 한 몸 됨을 더욱 누릴 수 있게 되었습니다.

성례

교회에서 첫 일 년간은 성찬식에 참여할 수 없었습니다. 교회가 무엇인지 잘 알지 못하는 자들과는 한 몸 됨을 누릴 수 없기 때문입니다. 일 년 동안 성찬식은 매주 진행되었습니다. 일 년에 두 번만 행하는 성찬식만 보다가 처음으로 주안교회의 매주 성찬식을 통해 성찬이 얼마나 중요하며 또한 얼마나 큰 은혜인지를 경험하게 되었습니다. 그리고 하나님께서 주신 은혜의 방편인 성찬을 얼마나 소홀히 하고 있는가도 생각해보았습니다. 일 년간 기다리는 시간은 제게 좋은 약이 되었습니다. 처음에는 다 나가서 성찬을 진행하는데 나는 자리에 앉아있는 모습이 매우 어색했습니다. 그러나 시간이 지나면서 성도들이 성찬을 행하는 모습은 나로 하여금 성찬을 기대하고 소망하게 하는 마음을 주었습니다.

그리고 드디어 성찬식을 첫 행하던 그 시간 떨리는 마음으로 앞에 나가 떡과 잔을 나누었습니다. 한 떡을 떼며, 한 잔을 마시며 그 안에서 주님이 부어주시는 은혜를 누리고 한 몸으로 살기를 다짐하며 행하는 그 성찬식은 참으로 은혜의 시간이었습니다. 그리고 매주 이 시간은 너무나도 귀한 시간이었습니다. 아직도 귓가에 "이것은 주님의 몸입니다. 이것은 주님의 피입니다."라는 목소리가 생생히 남아있습니다.

이렇게 예배를 마친 뒤 함께 나누는 만찬의 시간은 은혜를 더욱 풍성하게 만들어 주었습니다. 매주 아침마다 식당을 담당하는 지체들이 일찍 와서 그들의 은사를 가지고 맛있는 식사를 준비해주었습니다. 때론 귀한 음식을 공수해 와서 나누기도 하고, 매주 어떤 음식으로 지체들을 섬길 것인지 고민하는 모습은 한 몸으로 살아가는 것에 대한 귀한 본이 되었습니다. 함께 음식을 나누어 먹고, 또 함께 설거지도 하면서 서로 사랑하고 서로 섬기는 모습에 참으로 행복했습니다.

주안교회에서 처음으로 행했던 세례식도 잊을 수 없습니다. 수년간 한 지체를 성도로 세우기 위해 교육을 하고 또 교육을 하고, 또한 말씀대로 사는지 점검하고 또 점검하며 한 지체를 세우기 위해 그렇게 애썼던 모습을 기억합니다. 그리고 세례식 날 우리는 모두 함께 울었습니다. 한 지체를 한 가족으로 모시는 이 시간은 너무도 감격적이었기에 울지 않을 수 없었습니다. 모든 지체들이 함께 기뻐하고 함께 선물을 나누고 함께 안아주며 한 가족이 된 것을 모두가 다함께 축하했습니다. 잔칫날처럼 우리는 그렇게 기뻐하고 즐거워했습니다.

권징

저는 주안교회에서 치리와 해벌을 모두 지켜본 참으로 복 받은 사람입니다. 치리를 통해 나갔던 지체가 해벌을 통해 들어오는 모습을 직접 보며, 사실 나는 그 지체가 어떤 사람인지 잘 알지 못했지만, 한 지체가 다시 돌아오는 것 그 자체가 마음에 깊은 울림과 감동이 되었습니다. 그 해벌을 진행하던 날 저는 또 울었습니다. 치리 후 지옥 같은 삶을 살았던 자가 해벌을 통해 참된 자유를 누리는 그 모습을 보고, 지체들이 함께 옆에서 위로해주고 격려해주는 모습을 보며 권징이 교회를 얼마나 바르고 건강하게 세우는지를 보게 되었습니다. 그리고 치리의 시간은 마음이 찢기는 듯한 고통을 교회와 함께 경험하는 시간이었습니다. 한 지체가 치리를 받을 때, 저는 그 지체를 위해 무엇을 했는가 생각하게 했으며 한 몸으로 그 지체를 돕지 못한 아픔에 가슴을 치며 회개하는 시간이 되었습니다. 또한 치리 후에 그 지체를 위해 교회에서 함께 배우고 공부하는 시간을 통해 치리는 한 사람을 내치기 위함이 아닌 바르게 세우고 더 견고히 세우기 위함임을 정확하게 배우는 시간이 되었습니다.

지금 생각해보면 주안교회에서 참으로 많이 웃고 울었습니다. 기뻐서 웃고 울고, 감동해서 웃고 울고, 위로받으며 웃고 울었습니다. 지금도 살짝 눈물이 고입니다. 엄마 같은 주안교회, 우리의 가정을 보듬어준 주안교회, 우리 가족은 그 안에서 하나님의 나라를 함께 누렸습니다. 하나님의 놀라운 역사와 은혜의 자리에 2년간 함께 동고동락 할 수 있어 참으로 행복했습니다. 지금까지 주안교회를 인도하신 삼위 하나님께서 앞으로의 15년도 더 충만하게 더 하나 되게 더 영광스럽게 하실 줄 믿습니다.

*오덕훈 목사님은 2015-2018년 주님의 몸 된 주안교회를 함께 섬기며 은혜를 나눴습니다.

주안교회에서의 은혜의 기억
- 3대 표지를 중심으로 -

이해영 전도사 (부천 소명교회 교육전도사)

하나님의 인도하심으로 목회의 길에 들어선 후 십여 년 동안 아산, 천안, 당진, 김제, 인천 등지에서 다섯 곳 이상의 교회를 섬겨오고 있다. 누구나 그렇듯이 나 또한 건강한 교회를 꿈꿨고 모델이 될 만한 교회를 찾아왔다. 그런데 중요한 문제는 건강한 교회가 무엇인지 정의를 내리는 문제였다. '이 교회일까? 저 교회일까?', '아, 이 교회는 이런 좋은 프로그램이 있으니 건강한 교회구나.', '여기는 사람들이 모여드니 건강한 교회구나!'라고 생각했다. 지금 생각해보면 그때 나에게는 올바른 기준이 없어 단순히 눈에 보이는 화려함이나 규모를 기준으로 좋은 교회를 판단했다.

그러던 중 참된 교회의 3대 표지에 대해서 알게 되었다. 바른 말씀의 선포, 성례의 정당한 집행 그리고 권징의 신실한 시행이었다. 교회 전통 속에 너무 명확하게 제시되고 있음에도 알지 못했다. 그리고 건강한 교회에 있어야 되는 '3대 표지'를 온전히 시행해가려는 움직임이 눈에 띄지 않아 안타까운 마음이었다.

그러다 너무나 감사하게도 나의 사역 여정에 좋은 교회라 자부할 수 있는 교회를 만나게 되었다. 그 교회는 그리스도의 장성한 분량에 이르라는 주님의 명령을 따라 계속 성장해나가려 몸부림치는 교회였다. 그리고 성장의 목표와 기준은 오직 성경이었다. 예수 그리스도의 십자가의 말씀(복음)을 붙들며 성장해갔고, 말씀 안에 서로를 더욱 한 몸으로 사랑하려 했고, 말씀 안에서 지체를 죄에서 건져내기 위해 권징을 시행하는 것을 보았다. 믿음과 사랑 안에서 세워져가는 교회, 성경적 교회였다. 바로 천안 신방동에 있는 주안교회다. 주안교회는 외적 규모로서가 아니라, 복음과 교회적 삶 그리고 한 지역교회를 넘어 연합을 통해 다른 교회까지도 섬기는 깊이와 넓이가 진정 큰 교회다. 지금은 비록 몸으로는 떠나 있으나 마음으로 함께하며 영적인 고향처럼 기댈 수 있는 주안교회가 있음에 정말 기쁘고 하나님께 감사한다.

말씀

한국교회의 주일 성령님의 역사는 오전 11시에 시작해서 12시에 멈춰진다는 시쳇말이 있다. 오전 11시에 시작해서 12시에 정확히 예배가 마쳐지는 교회에서 평생 30분 남짓 하는 설교를 들어오다가, 갑자기 1시간 정도 되는 설교를 듣는 것이 쉬운 일만은 아니었다. 마치 예배를 연달아 두 번 드리는 것 같았다. 하지만 매주 주제가 바뀌는 널뛰기식 설교가 아니라 성경 한 권 한 권을 연속해서 체계적으로 배워가는 강해설교를 통해 복음을 깊이 알아가며 나의 삶에 있는 연약함이 하나하나 바뀌어져가는 것을 알게 되었을 때 말씀의 풍성한 은혜를 비로소 누리게 되었다.

그동안 접해왔던 말씀은 어떻게 하면 청중에게 재미와 감동을 선사할지에 집중됐던 것 같다. 본문과 별 상관없어도 머릿속에 남지 않아도 뭔가 모르는 준엄함과 무게감이나 감동을 느끼고 돌아왔다면, 또 예배 시간 처음부터 끝까지 졸지 않고 깨어있었다면 예배를 성공적으로 드렸다고 자족했었다. 그런 나에게 주안교회는 말씀을 순전하게 선포하는 참된 말씀(설교)이 무엇인지 알려주었다. 목사님은 각 절의 의미를 하나하나 자세히 설명해 주셨다. 뿐만 아니라 성경의 본래 의미들을 오늘날 우리 성도들에게 적실하게 적용하며 하나님의 뜻을 제시해주셨다. 우리는 성경적 교회를 꿈꾸며 그것을 말씀의 능력 아래에서 이루어내며 복을 누렸다.

또한 주안교회의 온 성도는 설교와 GBS 등을 통해 말씀을 배우고 거하기에 힘쓰고 배운 말씀으로 다른 사람을 세우기 위해 힘썼다. 몇몇 성도들은 신학생보다 나았다. 그럴 때 드는 생각은 이러했다. '말씀을 많이 알게 된 성도들이 목회자를 하찮게 여기진 않을까?'였다. 사실 내 부족함 때문에 드는 걱정이었다. 주안에서의 이년 여 동안 단 한 번도 성도들에게 존대 받지 못하고 있다는 느낌조차 받은 적이 없다. 하나님의 말씀은 진실로 살아있고 우리를 교훈하며 바르게 하기에 말씀 안에서 함께 자라가는 성도들은 서로를 존중했다.

성례

성찬은 부활절과 성탄절에만 하는 줄 알았다. 그러다 주안교회에 오니 매주 성찬을 나누었다. '매주 성찬을 하면 은혜가 줄고 식상해지지 않을까?' 하는 생각이 들었다. 그러나 그 걱정은 정말 쓸 데 없는 걱정이었다. 매주 말씀을 듣는다 해도 식상하지 않은 것처럼 매주 은혜가 필요한 연약한 나에게 '보이는 복음'인 성찬은 언제나 은혜 또 은혜로 다가왔다. 더욱이 매주의 성찬이 은혜로 다가올 수 있었던 것은 바른 말씀 선포 후에 그 복음을 눈으로 보고 손으로 만지는 시간이었기에 식상하지 않고 은혜가 배가 되었다고 생각된다. 이년 여간 매주 누렸던 큰 은혜이다.

권징

부끄럽고 안타까운 말이지만 주안교회를 만나기 전까지 권징이라는 것이 있는 줄도 몰랐다. 나의 경험 속에 권징과 비슷했던 것은 목사님, 장로님께 밉보여서 쫓겨나는 정도였다. 최근에 들려오는 고향 교회의 소식은 어떤 성도가 목회자나 직분자를 비방하고 몇몇 성도들이 동조하여 갈등을 빚고 있다는 것이다. 비방하는 이유는 이전 목사님은 자신에게 교회 이런 저런 일을 많이 말해줬는데 지금 목사님은 장로님들하고

만 말한다는 것이다. 어찌할 바를 몰라 어려워하는 모습을 보며 안타까운 마음이 든다.

참된 복음 안에서 회원으로 살아가는 교회에게 권징은 꼭 필요하며 교회와 성도 자신을 보호하는 은혜임을 절실히 깨닫게 된다. 이런 생각을 처음부터 하진 못했다. 처음 권징에 대해 들었을 때의 생각은, 성도들이 징계를 받으면 반발심이나 혹 부끄러운 마음에 교회를 떠나지 않을까 걱정이 되었다. 그러나 죄를 회개하지 않아 떠나가거나 출교되지 않는 한 전혀 그렇지 않았다. 기억에 남는 것은 권징의 순간에 권징 받는 성도가 자신의 죄 때문에 회개의 눈물을 흘리는 모습이었다. 그리고 다른 많은 성도들이 함께 울고 있던 모습니다. '왜 그럴까?' 자문하고 있을 때 알 수 있었다. '아 정말 서로를 한 몸으로 믿는구나. 그 아픔을 함께 하고 있구나!'

한 형제의 결혼식을 기억한다. 경쾌한 피아노 반주와 함께 "신랑 입장!"이 외쳐졌다. 짧지만 빠르고 당당한 걸음으로 신랑이 입장했다. 그런데 그 기쁜 순간에 흐느끼는 소리를 들었다. 성도들이 울고 있었다. 왜 울까? 주안에서 한 형제의 결혼을 위해 뜻과 마음을 모아 준비한 결혼이 시작되는 순간에 감격의 눈물을 흘리고 있었던 것이다. 또 더 마음을 모으지 못한 미안함에 흘리는 눈물이었다. 그 날, 복음이 생생하게 교회의 삶으로 경험되었다. '아! 주안교회는 정말 한 몸으로 사는구나!'

주안교회는 정말 큰 교회이며 약할 때 강함이 되는 교회다. 주님께서도 인정하시리라 확신한다. 주안교회의 15년 여정에 박수를 드리며 이후로도 더욱 성경적 교회로 세워져 가기를 응원하고 기도한다.

*이해영 전도사님은 2017-2019년 주님의 몸 된 주안교회를 함께 섬기며 은혜를 나눴습니다.

그립고 보고 싶습니다

남성민 전도사 (천안 제자교회 교육전도사)

안녕하세요. 남성민 전도사입니다.

주안교회에서 2018년부터 2019년까지 한 몸 된 지체로서, 전도사로서 함께했던 시간들을 돌아보며 고백하게 되는 한 가지는 '주님의 은혜' 입니다('세 가지'로 하면 더 좋았겠지만요^^). 저는 제 연소함이 세 가지로 정리되지 않을 만큼 우리 나사렛 교단에서 가장 부족한 사역자입니다. 하나님께서는 왜 이러한 저를 인준전도사의 첫 사역지로 주안교회에 보내셨을까요? 주안교회는 '교회의 3대 표지'를 중심에 둔 교회였습니다. 저는 이 세 가지 표지가 바르게 시행되는 주안교회에서 배우며 확신한 진리에 거할 수 있었습니다. 제가 2년간 주안교회에 몸담으며 받은 은혜에 대해 나누고자 합니다.

말씀(The Preaching of The Word)

주안교회하면 가장 먼저 떠오르는 단어입니다. '성경적 교회, 말씀운동연합, 한책의사람들' 등 존경하는 엄명섭 목사님과 주안교회가 얼마나 말씀 중심적으로 사역하는지 알 수 있습니다. 목사님께서는 설교를 하실 때 강해설교를 하십니다. 매 주일 새로운 본문을 선택하는 것이 아니라 66권 중에 한 권을 정하여 매주 지속적으로 강해하는 방식으로 하나님의 말씀을 선포하십니다. 3대 본문 중심의 설교를 통해 복음과 교회론적인 메시지가 선포되고 성도님들 또한 그 말씀을 사모합니다.

1시간에서 1시간 30분 정도 되는 설교 시간에서 말씀에 대한 진지함과 열정을 목사님과 지체들 모두에게서 느낄 수 있었습니다. 한 문장도 놓치지 않기 위해 귀를 기울여 말씀을 듣고 또한 각자의 설교 노트와 태

블릿 PC 등에 말씀을 적습니다. 그리고 그렇게 정리된 말씀들은 후에 출애굽기면 출애굽기, 레위기면 레위기 이렇게 성경 각 권의 강해집이 됩니다. 저 또한 말씀을 연구하거나 읽다가 궁금한 부분이 생기면 당시에 적었던 본문의 파일을 열어서 확인하곤 합니다. 언제든 그 본문을 읽게 될 때 다시 보며 정리할 수 있는 것이죠. 뿐만 아니라, 말씀 노트의 중요성은 예배 후에도 이어집니다.

주안교회 지체들이라면 누구나 DBS를 합니다. 교회에서 정해진 본문을 성도님들이 각자 연구해오십니다. 예배를 드리고 공동식사 후에 GBS를 통해 선포된 주일설교 말씀과 DBS의 본문을 가지고 실제적으로 나눔의 시간을 갖습니다. 같은 말씀을 듣고도 각 성도님들이 받는 은혜와 깨달음은 다를 수 있습니다. 같은 본문을 연구하고도 3대지가 서로 다를 수 있고 특히나 적용점은 모두 다릅니다. GBS 시간은 자신이 연구한 말씀을 넘어 이제는 우리에게 말씀하시는 하나님의 음성을 더욱 세밀하게, 풍성하게 들을 수 있는 시간입니다. 이 GBS 시간은 한 몸 된 교회로서 누릴 수 있는 참으로 풍성한 은혜의 마당이었습니다. 각각 다름이 모여 유기체적 교회로서 하나가 될 때 교회의 충만함은 배가 됩니다.

저 또한 성도님들과 함께 말씀을 나누고 고백할 때의 그 시간들을 잊지 못합니다. 함께 울고, 함께 웃으며 나눴던 그 시간들은 우리로 하나 되게 하신, 교회 되게 하신 그 사랑을 깊이 느낄 수 있는 시간들이었습니다. 주일의 말씀 선포, DBS, GBS 시간은 하나님 나라의 현시인 교회의 충만함을 가장 잘 느낄 수 있었던 은혜의 장이었습니다.

성례(The administration of the sacraments)

당시 저는 신대원을 다니며 은혜의 수단인 '말씀과 성례'의 중요성에 대해 배웠습니다. 수업을 들으며 제가 꿈꾸는 목회에 있어서 매주 성찬을 진행하려는 생각을 가지고 있었습니다. 그런데 그 성찬을 매주 시행하고 있는 교회가 있었는데요. 바로 바로 바로 올해로 15주년을 맞이한 주안교회입니다~! 기대와 설렘을 가지고 주안교회에 처음 갔습니다. 첫 주일 예배 때 저는 성찬에 참여할 수 없다는 얘기를 들었습니다. 그 이유는 주안교회가 제한성찬을 하고 있었기 때문입니다. 제한성찬이란 말 그대로 성찬에 제한을 두는 것인데요. 주안교회에서 성찬에 참여하기 위해서는 주안교회의 정회원이어야 합니다.

이런 제한성찬은 교회의 교회 됨과 성찬의 중요성을 지키고 참여하길 사모하는 마음을 갖게 했습니다. 주안교회에 출석한지 3개월 정도 되었을 무렵, 저를 사역자정회원으로 인정해주셨습니다. 처음 출석 후 정회원이 되기까지 대략 2~3년의 시간이 소요되는데 사역자 정회원으로서 교회 됨을 누리고 사역할 수 있도록 배려해주신 것입니다. 이런 배려를 받고 2018년 3월 18일 성찬에 대한 교육까지 받은 후 정회원이 됨과 동시에 첫 성찬에 참예했습니다.

이전에도 성찬을 통한 은혜에 감격한 적은 있었지만 이렇게 교육을 받고 정회원으로 임명된 후에 참여하니 감격과 동시에 정회원이라는 책임감으로 더욱 진중하게 참여할 수밖에 없었습니다. '나도 이제 주안교회의 정회원이 되었구나! 한 몸 된 교회의 머리되신 예수 그리스도께서 친히 제정하신 이 놀라운 성찬의 은혜에 참여할 수 있구나!' 그때의 떨리던 손과 마음은 여전히 기억에 선명합니다.

권징(Church Discipline)

저는 이전까지 권징이 바르게 시행되는 교회를 경험하지 못했습니다. 그래서 신학에서 배웠던 교회의 권징과 오늘날 한국 교회에서의 권징에는 큰 차이가 있다고 생각해왔습니다. 그리고 그 차이가 납득 되었습니다. 현대 한국교회의 모습을 볼 때에 초대교회에 시행되었던 권징들은 너무 멀게만 느껴졌으니까요. 그럼에도 주안교회는 권징을 시행했습니다. 사실 저에게는 굉장한 충격이었습니다. 제가 기억하기론 제가 주안교회에 있던 동안, 교회의 권징에 따른 징계는 3회 정도 있었습니다.

직분자이신 집사님들께서 성도들을 심방하시며 어떤 지체에게 권징이 필요함을 알게 되셨을 때, 집사님은 말씀대로 혼자서, 또는 2-3명과 함께 목장에서, 혹은 재차 심방을 통해서 권면하셨습니다. 그러나 그 사안이 심각하며 예수 그리스도께서 머리되신 교회 됨을 헤칠 경우 교회의 권징을 통해 치리가 집행되었습니다.

무엇보다 그 치리의 현장은 나의 몸이 찢김과 같은 고통의 순간이었습니다. 계속해서 목사님과의 면담과 말씀을 통한 권면을 받고 집사님들과 정회원들의 심방을 통해 만나고 대화하며 그 지체가 주께로 돌이키기를 함께 기도합니다. 그 후에 치리의 날에는 그 지체가 교회의 법과 규정 등을 위반한 사안에 대해 주일 예배시간에 고백하게 됩니다. 사실 인간적으로 보면 굉장히 수치스럽고 그 자리에 있는 것만으로도 힘든 순간입니다. 하지만 자신을 돌아보며 주님 앞에 고개조차 들 수 없는 나 또한 죄인 중에 죄인임을, 죄인이었음을 돌아보며 뼈저린 경각심을 갖게 됩니다.

권징은 교회와 진리를 보호하며 예수 그리스도께서 교회에 주신 권리요 법도를 바르게 시행하는 것입니다. 그렇게 죄에 대한 고백 이후 목사님께서 제직회를 통해 결정하신 징계에 대해 말씀하십니다. 그것은 성례 제한이 될 수 있고, 목장 참여가 제한되는 것일 수 있고, 심지어 출교가 될 수 있습니다. 이 권징을 겪으며 함께 울고 아파했던 기억이 납니다. 다시는 겪고 싶지 않은 권징이지만 교회를 지키고 진리를 수호하기 위해선 바르게 시행되어야 하는 권징입니다.

그리고 권징 이후 열매가 있었습니다. 지체가 회개하며 하나님 나라 백성으로서 다시 돌아오는 모습, 다시 한 몸 된 교회가 되어가는 모습을 보며 하나님 나라의 놀라운 섭리와 은혜를 경험할 수 있었습니다. 권징은 징계만을 위한 것이 아닙니다. 다시 교회가 되기 위함입니다. 다시 주님의 거룩한 교회로 돌아가기 위한 것입니다. 이것이 바로 오늘날에도 이 땅의 교회에 권징이 존재하며 바르게 시행되어야 하는 이유였습니다. 그것을 주안교회에 있으며 하나님께서 저로 경험하게 하시고 확신 안에 거하게 하셨습니다.

주안교회의 15주년을 진심으로 축하드립니다. 함께했던 시간들, 또는 기회가 닿아 몇몇 지체들과 보게 될 때 그 반가움은 참으로 큽니다. 그리고 여전히 주안교회는 주안교회임에 감사합니다. 주안교회의 지체들의 기쁜 소식과 슬픈 소식을 우연찮게 듣게 되면 새벽기도 시간에 그에 대해 기도합니다. 그립고 보고 싶은 마음도 큽니다. 그러나 저 또한 한 명의 사역자로서 주안교회에서 함께했던 기억들과 배움들 잊지 않고 바르게 살아가고 바르게 사역하도록 하겠습니다. 다시 한번 15주년을 진심으로 축하드리고 주님의 사랑 안에서 사랑하고 축복합니다.

*남성민 전도사님은 2018-2019년 주님의 몸 된 주안교회를 함께 섬기며 은혜를 나눴습니다.

교회의 3대 표지 설교문

교회다움을 위한 세 가지

본문 —— 마 28:18-20

예수께서 나아와 말씀하여 이르시되 하늘과 땅의 모든 권세를 내게 주셨으니 그러므로 너희는 가서 모든 민족을 제자로 삼아 아버지와 아들과 성령의 이름으로 세례를 베풀고 내가 너희에게 분부한 모든 것을 가르쳐 지키게 하라 볼지어다 내가 세상 끝날까지 너희와 항상 함께 있으리라 하시니라

오늘부터 15주년 행사를 준비하며 참된 교회의 표지를 주안교회에서 어떻게 드러냈는지 전하고자 합니다. 참된 교회의 표지는 2가지 혹은 3가지로 나눕니다. 저는 3가지로 나누어 3대 표지로 설명하겠습니다.

3대 표지는 순전한 말씀의 전파, 성례의 바른 시행, 권징의 신실한 집행입니다. 이 세 가지 표지는 참된 교회라면 반드시 드러나야 하는 표지입니다. 요즘 시대에는 3대 표지에 대한 이야기를 잘 하지 않습니다. 그 이유 중 하나는 3대 표지가 교인들이 듣기에 부담스러운 부분이 있기 때문입니다.

오늘 본문은 매우 익숙한 본문입니다. 예수님이 승천하시기 전에 제자들에게 마지막으로 말씀하신 지상 명령입니다. 예수님이 제자들에게

주신 지상 명령에는 참된 교회의 3대 표지가 깊이 묻어 있습니다. 지상 명령을 통해서 교회의 3대 표지에 대해서 살펴보겠습니다.

　본문에는 주동사와 분사 형태인 동사가 3개 있습니다. 주동사는 "제자를 삼다"입니다. 그리고 분사 형태 동사는 "가다", "세례를 주다", "가르쳐 지키게 하다"로 제자를 삼는 구체적인 방법을 제시합니다. 본문의 주요 내용은 제자를 삼으라는 것입니다. 제자를 삼고 세례를 주어야 합니다. 세례는 아주 중요합니다. 세례는 한 사람이 하나님의 은혜로 말미암아 구원 받았음을 사람들 앞에서 공표하는 것이기 때문입니다. 구원 받았다는 것은 예수님을 믿고 거듭나 예수님을 따라 살아가는 것을 의미합니다.

　'제자로 삼고 세례를 주라'는 말씀은 무슨 뜻일까요? 이 말씀은 예수님을 그리스도로 고백하고 '주님 때문에 내가 죽기도 하고 살기도 하겠다'는 자세를 가지고 주님을 따라가는 자에게 세례를 주라는 의미입니다. 그러므로 세례는 예수 그리스도에 대한 확고한 믿음을 가진 구원받은 자에게 시행해야 합니다. 그렇기에 믿음이 점검되지 않은 사람에게 세례를 주면 안 됩니다. 교회는 세례를 시행하기 전에 철저하게 점검해야 합니다. 먼저는 피세례자의 신앙고백을 점검해야 합니다. 예수 그리스도의 십자가 복음을 제대로 알고 믿는지 점검해야 합니다. 둘째로는 자신이 입술로 고백하고 믿는 바대로 살아가는지를 점검해야 합니다. 신앙고백과 전혀 다른 모습으로 살아가는 것을 당연하게 여겨서는 안 됩니다. 제대로 점검하고 끝까지 점검해야 합니다. 정말 주를 위해 살아갈 수 있는가를 점검해야 합니다.

　'가르쳐 지키게 하라'는 어떤 의미입니까? 가르치는 목적은 가르친 내용을 지키도록 하는 것입니다. 우리는 이 말씀을 '지킬 때까지 가르치라'는 뜻으로 이해하면 좋겠습니다. 가르쳐야 하는 내용은 '모든' 것입니다. 복음에 대해서는 성경에 기록된 모든 것을 다 가르쳐야 합니다. 그렇기에 타협은 안 됩니다. 선호하는 몇 가지 이야기를 정해두고 가르쳐서는 안 됩니다.

제자로 삼는 대상은 누구입니까? 모든 족속입니다. '모든 족속'이라고 할 때 해외에 있는 미전도 종족을 떠 올립니다. 그러나 모든 족속은 미전도 종족으로 한정되지 않습니다. 미전도 종족만을 제자 삼아야 할 대상으로 생각한다면 해외 선교사가 되지 않는 한 이 사명을 감당하지 못할 것입니다. 우리는 우리가 살아가는 일상에서 모든 족속으로 제자를 삼는 사명을 감당해야 합니다. 이러한 관점으로 본다면, 교회에서 실시하는 교육도 모든 족속으로 제자를 삼기 위한 지상 명령을 수행하는 것으로 이해할 수 있습니다.

주안교회의 교육은 모든 사람을 대상으로 합니다. 특정한 사람을 대상으로 하는 제자반을 두지 않습니다. 모든 사람이 제자가 되어야 할 대상입니다. 그렇기에 비밀리에 가르치는 것이 없습니다. 기초적인 공부를 하고 나면 모든 사람이 동일한 교육을 받습니다. 모든 사람이 제자가 되어 주님이 우리에게 분부한 모든 것을 지킬 때까지 가르칩니다. 그렇게 제자가 된 사람은 주님의 지상 명령에 순종하여 다른 사람을 가르칩니다. 예수님은 제자들에게 제자를 삼으라고 명령하셨습니다. 제자들이 제자를 만들어 내는 것입니다. 목회자가 성도를 길러내고 성도가 성도를 길러내야 합니다. 이것이 주안교회가 하는 일입니다. 주님이 분부한 모든 것을 평생토록 지킬 수 있도록 가르치는 것입니다. 그래서 성도들은 매일 모여 성경 연구를 합니다. 말씀으로 은혜를 나누고, 마땅히 살아야 할 바에 대해 생각하고 기록하며 묵상합니다. 자신이 말씀 앞에

엎드리고 순복하고 주님의 통치 안에 들어가기 위해서 성경을 연구합니다.

　16~17절에서 명령을 받은 자들은 열한 제자입니다. 여기에는 경배하지만 의심하는 자도 있었습니다. 이 구절에 대해서는 몇 가지 견해가 있습니다. 첫 번째 견해는 열한 제자 가운데 예수님을 경배하는 자가 있고, 의심하는 자가 있다고 해석합니다. 두 번째 견해는 너희라는 지칭은 2인칭으로 제자를 가리키고 의심하는 자는 3인칭으로 오백의 형제를 의미한다고 해석합니다. 세 번째 견해는 제자들이 예수님의 부활 자체를 의심하는 것이 아니라, 지금까지 예수님을 배반하였기에 자신들이 '이 명령을 받을 자격이 있는가'하고 머뭇거린다는 견해입니다. 그래서 제자들 가운데 어떤 이는 다시 주님께서 주신 사명을 받지만, 어떤 이는 자신의 부족함을 보고 머뭇거리고 있는 것입니다. 저는 세 번째 견해를 지지합니다. 왜냐하면 첫 번째, 두 번째 견해를 따르면 예수님은 예수 그리스도의 부활을 의심하는 자에게 사명을 주는 것이 되기 때문입니다. 세 번째 견해는 제자들이 의심한 것은 자신들이 사명을 받을 자격이 있는가에 대한 것입니다. 그들은 자신들이 다시 사명을 감당할 수 있는 자격에 대해서 의심을 가지고 있었습니다. 예수님은 이런 자들에게 오셔서 사명을 주셨습니다.

　예수님은 자신을 이렇게 소개하십니다. "하늘과 땅의 모든 권세를 내가 받았다." 19절의 접속사는 '그러므로'입니다. 19절의 '그러므로'는 20절 후반을 보면 이해할 수 있습니다. '모든 권세를 다 가지고 있는 내가 세상 끝날까지 내 말을 듣고 사명을 감당하는 너희와 항상 함께 있을 것이다.'
　사랑하는 성도 여러분! 우리는 우리에게 사명을 주신 분이 하늘과 땅의 모든 권세를 가지신 분이시며, 그분이 끝까지 함께 하시며, 지금도 우리와 함께하심을 기억해야 합니다. 앞날이 캄캄해도 주님은 우리와 함께하십니다. 지금 우리가 모든 것에 불안해도 그분이 우리와 함께하십니다. 만약에 우리가 주님이 우리와 함께하신다는 것을 믿지 못하면, 우리도 제자들처럼 주님을 경배하지만 주님의 말씀을 의심하는 것입니다.

하늘과 땅의 모든 권세를 가지신 주님이 우리와 함께 하신다는 약속을 의심하면, 현재 상황을 제대로 해석하지 못하게 됩니다. 예수께서 우리에게 주신 어마어마한 사명을 놓쳐버립니다. 그렇게 되면 연약해지고 어린아이처럼 됩니다. 우리가 의심하면서 확신 가운데 서 있지 못하는지, 우리의 상황에 따라 '경배하나 의심하는지'를 체크해봐야 합니다. 정말 경배합니까? 아니면 의심합니까? 저는 우리 가운데 경배하나 의심하는 자들이 훨씬 더 많을 수 있다고 생각합니다. 주님은 이러한 우리에게 사명을 주셨습니다. 경배와 의심이 있는 자가 말씀을 믿고 나가면 경배로 가게 됩니다.

그러나 곰곰이 생각해 보면, 예수님께서 이렇게 의심하는 자들에게 사명을 맡기신다는 것이 이상하지 않나요? 예수님은 부활하셔서 40일간 제자들과 함께 계셨습니다. 그럼에도 불구하고 제자들은 의심하였습니다. 그렇다면, 열한 제자든, 오백의 사람이든 다 빼고 의심하지 않는 사람들을 새로 만드는 것이 훨씬 낫습니다. 하지만 주님께서는 그들을 신뢰하셨습니다. 제자들에게 사명을 맡기셨다는 것은 예수님이 그들을 사명을 감당할 수 있는 자로 믿으셨다는 것을 의미합니다. 우리의 연약함에도 불구하고 예수님의 관점에서 본다면, 우리는 믿을만하고 신뢰할만한 자입니다. 주님은 그만한 가치의 믿음을 우리에게 주셨고, 구원을 주셨습니다. 우리가 이 말씀을 믿고 나아갈 때 주님께서 더 강력한 은혜를 허락해 주실 것입니다.

할렐루야. 주안교회가 설립 15주년이 되었습니다. 제자로 삼기 위해 우리는 무엇을 지향해야 하고, 예수님께서 명령하신 부분이 우리 교회에서는 어떻게 나타나는지에 대해 세 가지로 나누려 합니다.

첫째, 모든 것을 가르치는 것이 말씀의 바른 전파입니다.

교회의 3대 표지 중 첫 번째가 말씀의 순수한 선포입니다(마 18:20). 말씀을 바르게 선포해야 하는 이유는 진리의 말씀을 통해서만 우리를 거듭나게 하시기 때문입니다. 사람의 회심은 시작에 불과합니다. 우리는 완전히 악하기에 그리스도 안에서 말씀의 교훈을 계속 받아야 합니다. 오류에 대해 경고도 받아야 합니다. 이단으로부터 보호를 받아야 하며, 잘못된 세상 교훈으로부터 보호받아야 합니다. 배우고 배움으로 말미암아, 베드로의 말처럼 "너희가 거듭난 것이 썩어질 씨로 된 것이 아니요 썩지 아니할 씨로 된 것이니 하나님의 살아있고 항상 있는 말씀으로 된 것이다"(벧전 1:23)를 스스로 점검하며 살아야 합니다. 그래서 신자는 말씀에 반응하게 되어 있습니다. 교회, 특별히 종교개혁 후손인 우리는 예배에서도 말씀선포의 시간을 가장 중요하게 여깁니다. 찰스 핫지(Charles Hodge, 1797-1878)는 참 기독교에 대해서 "기독교는 성경이 얼마나 알려지고, 얼마나 많은 사람에게 퍼졌는가에 비례하여 흥왕했다"고 말했습니다. 그렇기에 바른 말씀을 많은 사람들에게 전달하고 알리는 것이 중요하기 때문에 말씀선포의 시간이 굉장히 중요합니다.

믿음은 들음에서 비롯됩니다. 이것이 우리가 믿음을 받는 은혜의 수단입니다. "들음은 그리스도 예수의 말씀으로 말미암느니라." 물론 우리가 예배 시간에 참여할 때에 잘 수도 있습니다. 그러나 그 말씀을 들으려 하지 않으면 은혜의 수단을 무시하는 것입니다. 그래서 말씀을 전하는 사람도 중요하고, 말씀을 받는 자도 굉장히 중요합니다. 말씀에 대해 좋은 밭이 되어 30배, 60배, 100배의 열매를 맺을 수 있도록 해야 합니다. 요즘은 30배, 60배, 100배가 얼마 되지 않는 것처럼 여깁니다. 여러분들의 능력이 2배만 된다고 생각해보면 어떻겠습니까? 어떤 분들의 말씀을 들어보면 "30, 60, 100배가 아니라 700배를 허락해주십시오." 제가 그걸 딱 들으면서, 저분은 두 배에 대한 개념도 잘 모를 것이라 생각했습니다. 30배는 적은 숫자가 아닙니다. 우리가 할 수 없는 일이라는 것입니다. 30배를 감히 우리가 어떻게 합니까? 이것은 말씀에 순종함으로 일어난 일들입니다. 주님께서 함께하신다는 일들이 여기에서 나타나고 있습니다. 그리고 이 말씀의 가르침은 안수 받은 목사에 의해서만 전해지는 것이 아니라, 성경 공부나 주일학교, 더 나아가 개인적인 성경 공부까지 다 포함됩니다. 말씀을 잘 전하고 공부해야 그리스도인이 된 후에도 계속 자라게 됩니다. 할렐루야.

말씀을 바르게 선포하는 목적은 무엇인가요? 주님을 경배하기 위함입니다. 경배하나 의심하는 자는 정상이 아닙니다. 예수님을 만났음에도 의심하는 자가 있었습니다. 지금 우리는 예수님을 어떻게 만납니까? 우리는 공적인 예배 시간, 말씀을 통해 만납니다. 그런데도 경배하지 않을 수 있습니다. 2,000년 전의 예수님을 만난 사건이 우리에게는 공식적인 예배 시간입니다. 이들에게 예수님이 나타나셨습니다. 그때 그 자리에서 같이 엎드리긴 했지만 경배하지 않을 수 있습니다. 우리는 예수 그리스도의 부활의 모든 사건과 십자가 복음과 구속사의 개념, 교회, 예수 그리스도가 우리의 머리되심, 우리에게 주신 사명 등을 모두 알고 있습니다. 그런데도 경배하지 않는 것입니다. 어떤 이는 의심하지는 않는다고 말하지만, 경배하지 않는 것이 의심하는 것입니다. 우리에게는 놀랄 만한 일이 아닙니다. 우리는 예배 시간인데도 예배하지 않을 수 있습니다. 예배시간이 한 시간인데도 우리는 경배하지 않을 수 있습니다. 무엇이 더 심각한 문제이겠습니까? 어떤 일들이 심각하게 되겠습니까? 경배한다고 해서 혼자만 경배하는 것도 아닙니다. 예배에 사람들이 지루해하지 않도록 여러 순서를 넣어 모든 편의를 조성했습니다. 그런데도 경배하지 않습니다. 이런 차이만 본다면, 저는 2,000년 전이나 지금이나 질적으로는 아주 큰 차이가 없다고 생각합니다. 왜냐하면 믿고 나가지 않기 때문입니다. 더 나아가 주님께서 우리와 함께하신다는 것도 신뢰하지 않습니다. 주안교회는 이런 시대적 상황 가운데 세워졌고, 말씀의 순수한 선포를 위해 힘썼습니다. 그럼 말씀의 순수한 선포를 위해 교회에서는 어떻게 힘썼는지 짧게 살펴봅니다.

(1) 강해설교

주안교회 주일설교는 성경이 말하는 바와 의미를 잘 전할 수 있는 강해설교 방식입니다. 설교는 크게 두 부분으로 진행됩니다. 첫째, 설교 시 설교 본문을 한 절 한 절 전체적으로 설명합니다. 본문을 살펴 볼 때는 하나님이 성경 저자에게 의도한 본문의 의미를 잘 드러내는 데 집중합니다. 둘째, 본문을 통해 저자가 드러내고자 하는 내용을 한 메시지 안에 복음적, 구속사적, 교회론적으로 정리하여 전달합니다. 위와 같은 이유로 설교 시간은 60분에서 90분 사이로 진행됩니다. 내용과 메시지를 모두 다루다 보니 설교가 다소 긴 시간을 차지합니다.

(2) DBS

우리 교회는 주일 말씀을 전할 때 일주일 전에 DBS 연구를 합니다. 본인이 연구하면서 내용 파악과 묵상을 통해 먼저 은혜를 누립니다. 어떤 때는 설교를 들을 때보다 직접 말씀을 보면서 연구하는 게 더 큰 은혜가 있을 때가 있습니다. 저도 혼자 말씀을 볼 때는 많이 울기도 하고, 많은 감정에 푹 빠지기도 합니다. 저에게 충만한 시간입니다. 다만 그 은혜는 주관적으로 저 혼자만 누릴 때가 많습니다. 그러다보니 제가 연구한 내용은 설교에서 거의 말하지 않습니다. 하나님과의 관계에서 저혼자 누리고 생각하는 부분이었기에 그렇습니다. 이와 같이 성도들이 같은 말씀을 일주일 동안 연구합니다. 벌써 15년 동안 애쓴 주안교회의 소중한 유산입니다. 성도는 일주일 동안 같은 본문을 연구하여 소화한 말씀을 주일에 동일한 본문으로 설교 말씀을 듣습니다. 그러니 이것만 해도 얼마나 어마어마합니까.

(3) GBS

그런데 여기서 끝나지 않습니다. 우리는 주일 오후 3시에 모여 2~3시간씩 GBS를 합니다. 우리가 DBS 때 공부했던 말씀과 설교로 들었던 말씀을 합해 오후에 GBS로 나눕니다. 이 시간에는 DBS와 GBS가 같이 진행됩니다. 주중에는 동일한 말씀으로 목장에서 말씀을 나눕니다. 지난주에 들었던 말씀을 다시 한번 상기합니다. 그런데도 잊어버리기 때문에 예배 시간에 와서 지난주 말씀을 들으며 회개 시간을 가집니다. 이러한 말씀의 시스템은 사실 굉장한 것입니다. 처음엔 많은 사람의 반대도 있었습니다. 우리 성도가 아닌 다른 분들은 '그렇게 하면 성도들이 싫어한다'는 말을 했습니다. 그렇게 지금까지 오게 되었습니다. 이렇게 우리가 말씀을 3중, 4중으로 전파하고 바르게 점검하는 것입니다. 특별히 중요한 시간은 GBS입니다. 성도들이 말씀에 대해 알고, 스스로 그 말씀에 대해 생각함으로 풍성한 은혜를 먼저 누리고 나눕니다.

(4) 금요강좌

이뿐 아니라 우리가 모두 함께 자라가고자 하는 마음에서 시작한 금요강좌가 있습니다. 교회에 처음 온 사람과 수년간 교회에서 배운 사람의 격차를 줄이고 모두가 '다' 같이 자라기 위해 힘쓰기 위한 시간입니다. 학기별로 진행되며 신학적으로 중요한 성경 한 권씩을 택해 매주 한 장씩 깊이 다룹니다. 때로는 교회의 특별한 문제를 긴급히 다뤄야 할 필요가 있어 주제가 바뀌기도 하지만, 원칙적으로 꾸준히 성경을 배우고 확신하며 거하는 일에 하나가 되는 것에 초점을 둡니다.

(5) 1:1 교육

배운 복음을 더 세세하게 나누기 위해 진행하는 1:1 교육이 있습니다. 우리는 한 명 한 명이 말씀에 바르게 서가도록 힘을 쏟고 있습니다. 금요강좌도 지식의 격차를 줄이지만 더욱 실질적인 도움을 주는 것으로 1:1 교육이 있습니다. 1:1 교육은 현재 배우는 과정을 살펴볼 뿐 아니라 믿음의 고백과 감정 상태 등을 잘 이해하고 점검하며 신앙 상담도 가능하도록 돕습니다.

둘째, 신앙을 점검하고 세례를 베푸는 것이 성례의 바른 집행이며 이것이 교회의 두 번째 표지입니다.

예수님은 교회에게 세례를 베풀 것을 19절에서 명령하셨습니다. 세례는 그리스도와 연합되었다는 대표적인 상징입니다. 침례에서는 물에 들어갔다 나올 때, 내가 예수 그리스도와 함께 죽었고 함께 살아난 자라고 이야기합니다. 우리는 그분과 연합하였습니다. 예수 그리스도께서는 우리의 죄를 다 지실 뿐만 아니라 우리의 인생을 다 살아가신 분입니다. 그리고 자기가 살았던 모든 인생을 우리에게 그냥 주셨을 뿐만 아니라, 우리를 자기 몸 안에 넣어주셨습니다. 이것이 주안의 의미이고 바울 신학의 핵심이며 구약에는 없는 놀라운 개념입니다. 구약에도 하나님이 우리와 함께하신다는 말씀이 나옵니다. 그러나 신약은 우리가 그리스도 안에 있다고 말씀합니다. 더 나아가 성경은 연합개념을 한 단계 더 발전시켜 그리스도께서 우리 안에 계신다고 말합니다. 내가 아버지 안에, 아버지께서 내 안에 계신 것과 같이, 그리스도께서 우리 안에 계십니다.

"내가 그리스도와 함께 십자가에 못 박혔나니 그런즉 이제 내가 사는 것이 아니요. 오직 내 안에 그리스도께서 사시는 것이니"(갈 2:20) 십자가에 못 박히기 전에는 세상 권세를 따라 움직이며 살던 삶이었습니다. 그런데 예수의 십자가에 같이 못 박히고 난 후, 우리는 예수 그리스도의 통치와 뜻에 따라 살아갑니다. 내가 사는 것이 아니라, 믿음으로 말미암아 이제는 내가 아니요, 오직 주께서 나를 살아가게 하시는 삶을 살아갑니다. 그래서 우리가 그리스도 안에 있다는 말의 의미는 한 단계 더 나아가 내 안에 그리스도께서 계심을 말해줍니다. 주인의 개념과 '그리스도 안에'라는 내용을 이해해야 마태복음 25장 40절의 내용을 이해합니다. "임금이 대답하여 이르시되 내가 진실로 너희에게 이르노니 너희가 여기 내 형제 중에 지극히 작은 자 하나에게 한 것이 곧 내게 한 것이라 하시고." 즉 상대에게도 그리스도가 계신다는 것을 알고 상대에게 잘해주는 것이 그리스도에게 잘해주는 것입니다. 이것이 말씀을 듣고 성장한 자에게 나타나는 증거입니다. 우리가 성장했다는 것은 나이가 들어 성장하는 의미가 아닙니다. 성장한 자는 작은 소자에게도 함부로 대하지 않고 속이지 않습니다. 그리스도께서 소자 안에 계시기 때문입니다. 그리고 지체로 인식합니다. 이들을 위해 우리가 은사를 사용하는 삶까지 갑니다.

이렇게 신앙을 점검한 후 세례를 베풀어야 합니다. 세례는 저 사람이 예수 그리스도를 머리, 즉 통치자로 삼고 그분 뜻 안에서 살아가려는 자인지를 말해줍니다. 어떤 사람은 누가 믿는다고 하면 세례를 먼저 줍니다. 이단인 하나님의 교회가 그렇습니다. 이것은 잘못된 방법입니다. 우리가 누가 믿는다고 할 때 세례를 즉각적으로 주지 않는 이유는 이렇습니다. 당시는 '예수님이 나의 왕이시다'고 말하면 죽음도 감수해야 했고, 상인들의 길드에 속할 수가 없었습니다. 절대 농담으로 고백을 할 수가 없습니다. 그런데도 고백하는 말을 했다면, 그 사람의 믿음이 진짜라 여겼던 것입니다. 하지만 지금은 아닙니다. 지금은 우리나라도 3만불 시대로 풍족한 시대가 되었고, 사람들은 종교를 점점 취미로 여기고, 또는 품위로 교회를 다니는 시대가 되었습니다. 정말로 잘 생각해야 합니다. 기독교의 타락성은 대중 매체가 먼저 드러냅니다. 대중 매체가 비추는 교회의 이미지가 불과 2~30년 전과 요즘이 얼마나 다른지 생각해보시기 바랍니다. 더불어 교회의 목사, 직분자, 신자의 이미지를 언론 매체에서 어떻게 나타내는지 생각해보시기 바랍니다. 이런저런 부분에 대해 편향된 보도라고 말하고 싶지만, 그러나 어떤 면에서는 가만히 있을 수밖에 없는 일도 있습니다. 저는 모든 것의 시작점이 잘못된 세례라 생각합니다. 세례는 세례 받는 사람의 신앙고백을 수반하고 실제로 그의 신앙고백이 외적으로 나타날 때 주는 것이 합당합니다. 사도행전 2장 38절 "너희가 회개하여 각각 예수 그리스도의 이름으로 세례를 받고 죄 사함을 받으라 그러면 성령을 선물로 받으리니" 세례를 제대로 진행한다면 이 안에서 성령께서 역사하시는 일들이 나타납니다.

예수님께서 교회에 복을 주시기 위해 사용하시는 두 번째 은혜의 수단은 성찬입니다. 성찬은 간단한 식사가 아닙니다. 성찬은 그리스도와의 교제입니다. 그래서 성찬에 참여하는 사람의 믿음에 상관없이 성찬에 참여하기만 하면 은혜를 받는 것이 아닙니다. 이것은 가톨릭의 성찬 개념입니다.

기독교는 성찬에 참여하는 것을 참예라고 합니다. 참예하기 전, 우리 자신을 스스로 살펴봐야 합니다. 그리스도의 몸에 내가 참예한다는 마음이 있어야 합니다. 우리는 그리스도의 몸에 참예한다는 마음을 가지고 예배의 자리에 있는 자들입니다. 그렇다면 성찬을 통해 성도들이 서로 연결되어 있고 하나를 먹는 한 몸이라고 인식하게 됩니다. 그래서 고린도전서 10장 17절의 말씀처럼 성찬을 통해 "몸이 하나요 많은 우리가 한 몸이니 우리가 다 한 떡에 참예함이라"고 말합니다. 그래서 성찬은 우리가 한 몸인 것을 아주 강력하게 보여주고 나타냅니다. 그래서 성찬 때에 성도들과의 연합뿐만 아니라, 성도들과 그리스도와의 연합이 강력하게 드러납니다. 그래서 세례와 성찬을 하나로 보는 것입니다. 주안교회가 성례를 잘 지키기 위해 어떻게 행했는지를 살펴봅니다.

(1) 세례

주안교회의 세례는 우리가 기억하는대로 매우 영광스럽습니다. 세례를 위해 이미 배운 복음에 대한 내용을 담당 정회원들이 점검하는 시간을 갖습니다. 사도신경과 니케아신경, 주기도문, 십계명 등을 공부하며 우리의 신앙 고백을 확인합니다. 교회론을 점검하며 그리스도를 머리로 삼고 지역 교회로서 함께 살아가는 것의 중요성을 다룹니다. 교육 과정을 다 마치면 직분자들과의 1:1 면담을 통해 회심에 대해 인터뷰를 합니다. 모든 과정을 다 마치면 온 교회가 세례 준비를 합니다. 세례 일에 세례자의 가족을 초대하고, 특별히 세례자의 불신자 친구를 세례식에 초대해 예전의 나의 모습은 그리스도와 함께 못 박혔고 그리스도와 함께 살아났음을 세례식을 통해 고백합니다. 이렇게 한 명의 세례자가 생길 때 교회의 기쁨은 말로 다 할 수 없습니다.

(2) 정회원 제도

주안교회는 세례 제도를 잘 지키고자 정회원 제도를 시행합니다. 정회원 제도를 시행하는 이유는 좀 더 성경적인 교회를 이루기 위함입니다. 하나님이 기뻐하시는 교회로 한 걸음이라도 더 나아갈 방법을 찾는 가운데 그 중 하나가 '등록 제도'로서 이미 있는 '회원 제도'를 다듬어 시행하였습니다. 세례 교인이 한 지역 교회를 본인이 속하여 치리를 받을 교회로 인정하고 그 관할과 치리에 복종하고 덕을 세우기 위해 힘쓰며 그 권리와 의무를 바르게 실천할 것을 서약하면 교회에서 권리와 의무를 지닌 회원으로 받아들이는 제도가 정회원 제도이며 주안교회의 매우 핵심적인 제도입니다.

(3) 매주 성찬

성찬은 어떻게 합니까? 주안교회는 현재 코로나19로 인해 성찬이 멈춰졌습니다. 코로나 전까지만 하더라도, 매주 성찬을 진행했습니다. 매주 성찬을 했던 이유는 교회 역사적 근거와 성례의 효과 때문입니다. 우리는 매주 성찬을 진행하면서 그리스도와의 한 몸 됨과 지체와의 한 몸 됨의 은혜에 참여하도록 애썼습니다. 성찬 시 수찬자들은 앞으로 나와 진행하며 예수 그리스도의 십자가 죽음을 상징하는 떡과 잔을 먹고 마시며 수직적으로는 하나님과의 관계 회복, 수평적으로는 성도들과의 관계 회복을 감사하는 은혜의 시간을 누립니다.

(4) 제한 성찬

주안교회는 제한 성찬을 시행합니다. 제한 성찬을 통해 자신을 살피지 않고 성찬에 참여해 하나님의 심판을 받는 일을 경계했습니다. 성찬의 대상은 세례를 받은 자, 서로 그리스도의 한 몸 됨을 믿고 지키며 교회의 관할과 치리에 순종하고자 서약한 자입니다. 그러나 그리스도의 몸과 피에 대한 의미를 알지 못하고 함부로 성찬을 행하지 않도록 제한 성찬을 시행합니다. 우리는 이것이 주님의 징계를 받지 않도록 성도를 보호함과 그리스도의 영광을 위한 일이라 믿고 시행하고 있습니다.

(5) 공동식사

또 이뿐 아니라 공동식사도 있습니다. 공동식사에 같이 참여하시는 분들도 그냥 한 끼 식사라는 개념으로 생각하지 마시고, 우리가 한 몸으로서 참여한다고 생각해야 합니다. 그래서 내가 성찬에는 참여하지 못해도, 이는 은혜의 울타리 안이라 생각하시고, 공동식사를 통해 주님의 몸에 참여한다는 생각이 굉장히 중요합니다. 현재 저희가 식사는 함께 하지 못하기에, 3주 전 봉사부에서 개인별로 도시락을 나누어 주었습니다. 봉사부가 재정이 남기에 진행한 것이 아닙니다. 그동안 식사를 하지 않았기 때문에 한 끼 먹자는 생각으로 진행한 것이 아니라, 성찬에서의 공동식사 의미를 살린 것입니다. 이번에도 15주년 행사를 하는 이유는 공동식사 개념이 있기 때문입니다. 우리가 한 몸이라는 개념은 우리가 함께 예배를 드리며 정서적인 교제를 통해서도 누리지만, 먹고 마시며 누리는 교제도 있습니다. 이런 부분에서 우리가 함께 나누는 것입니다.

셋째, 가르친 대로 지키며 살아가도록 하는 것이 권징의 신실한 시행이며 이것이 교회의 세 번째 표지입니다.

한국 교회에서 가장 소홀히 여기는 것 중 하나가 권징입니다. 교회의 권징은 교회의 순결을 유지하고 거룩한 삶을 권장하는 수단으로 하나님께서 우리에게 허락해 주신 것입니다. 교회가 권징할 때 성령께서 잘못한 사람이 죄를 깨닫게 하십니다. 그렇다면 고린도후서 7장 10절의 말씀처럼 "후회할 것이 없는 근심에 이르게 하는 회개"로 인도해주십니다. 만약 성령의 권면을 받아들이지 않으면 권징을 해도 아무 영적 유익이 없습니다. 이것은 개인, 교회에도 마찬가지입니다. 교인들은 권징의 과정을 살피며 자신의 삶도 돌아봐야 합니다. 성령께서 역사하시기를 간구하고 바라보지 않으면 교회도 아무런 유익이 없습니다. 교회가 사랑이 없다고 생각할 수 있습니다. 또 나 자신과 교회뿐만 아니라, 더 큰 하늘의 관점에서 교회의 권징이 하늘의 심판과 밀접한 관계가 있다는 확신이 없다면 유익도 없습니다. 교회가 땅에서 묶으면 하늘에서 묶일 것이요, 교회가 땅에서 풀면 하늘에서도 풀릴 것이라는 믿음이 없으면, 권징이 두렵게만 여겨지고, 걸리적거리는 것으로만 생각합니다. 다른 교회도 많으니 권징 받으면 다른 교회로 가면 된다는 식의 생각에 빠져버리는 것입니다. 믿음이 없으면, 이 권징도 아무런 효과를 볼 수가 없습니다. 그렇기 때문에 권징을 주님께서 우리에게 주신 은혜로 생각하지 않고 성가신 것으로 생각한다면, 권징이 우리에게 은혜의 수단이라는 것을 놓치게 됩니다. 그러나 이것을 받아들이면 하나님과 화해요, 지체와 지체들 간의 화해이며, 하나님 앞에서 순종하게 하고자 하는 놀라운 은혜가 있고, 도덕적인 증진까지 나타납니다. 그런데 이때 증진하는 것, 순결하게 살아가는 것의 핵심은 3대 표지를 가르쳐 지키게 하는 것입니다. 지키게 하는 것이 권징입니다.

무엇을 지키는가의 첫 번째는 교리입니다. 우리 교단만의 교리와 같은 것이 아니라, 예수 십자가에 대한 분명한 교리입니다. 두 번째는 삶입니다. 예를 들어, 형제를 향한 삶을 받아들이지 않으면 실제로 교회에서 쫓아내는 것입니다. 고린도전서 5장 5절에서, 구원을 위해 그 사람을 쫓아내야 합니다. 저 사람이 밉기 때문에 쫓아내는 것이 아닌, 혹 그 사람이 돌아올까 하여 내쫓는 것입니다. 그러므로 우리가 가르쳐 지키게 하라는 말은 지킬 때까지 가르친다는 말입니다. 이 말은 지키지 않을 때 권징을 통해서라도 가르친다는 것입니다. 이것의 1차 대상은 정회원입니다. 그래서 권징의 대상은 정회원입니다. 정회원들은 이 부분까지 서약하고 들어오는 자입니다. 사랑이 아니라 느껴질 수 있겠지만, 권징은 하나님의 사랑의 한 측면입니다. 인간적으로 봤을 때, 부모가 자녀를 대하는 것이 사랑의 한 측면입니다. 그런데 교회의 권징을 사랑이 아니라고 얘기하는 것이 현재 시대의 상황입니다. 주안교회가 15년간 권징의 신실하게 집행하기 위해 어떻게 애썼는지 봅니다.

(1) 직분

주안교회는 권징의 신실한 시행을 위해, 직분을 바르게 이해하고 세우고자 하였습니다. 주안교회는 직분자를 세울 때 반드시 성도(정회원)들의 투표를 통해 선출합니다. 이것이 성경의 가르침임을 믿기 때문입니다. 교회의 직분은 섬김으로 하나님의 일을 하는 귀한 자리입니다. 직분의 이해에서 가장 주의해야 할 점은 직분을 계급으로 생각하는 겁니다. 또한 직분은 교회에서 성령의 사람들로 선출되어 충성하는 자리입니다. 선출된 직분자는 임기제이며 임기가 마쳐지면 다시 피택이 되기까지 회원의 일원으로서 열심히 돕습니다. 그러므로 주안교회는 교회생활을 열심히 하거나 일정한 시간이 지나면 승진하듯이 담임 목사가 주관적으로 직분자를 세우는 것을 경계해 왔습니다.

(2) 권위

주안교회는 교회 권위의 근원이 머리되신 예수 그리스도이심을 믿습니다. 예수님께서 사도들에게 그 권세를 주셨고 교회에게 주셨고 목사에게 주셨습니다. 목사는 주님의 보내심을 받아 교회를 다스리는 일을 합니다. 이 권세를 그리스도에게서 받은 것이므로 진리를 증거하는 권세와 자비를 행할 권세가 있습니다. 또한 교회의 거룩을 지키기위한 권징의 권위가 있습니다. 하나님의 말씀의 주권을 높이며 회개하게 하여 새 생명을 갖게 하는 것에 목적이 있습니다. 교회의 권위는 영적인 것이기에 혈기의 분노가 아닌 영적 교제에 대한 권위입니다.

(3) 목장

주안교회는 권징의 신실한 시행을 위해, 하나님이 세워주신 권위에 대해 배우고 있습니다. 권징은 말씀에 기반해야 합니다. 최초의 권징의 현장은 목장입니다. 목장은 교제를 통한 권징임을 알고, 죄에 대해 경계하게 합니다. 신자답게 살지 않을 때 경계하는 겁니다. 그 말이 매우 부드러워도 성령의 인도하심을 받는 자는 그 말을 듣고 생각합니다. 자신의 삶을 다시 생각하고, 한 주를 다시 생각합니다. 그래서 목장이 교제를 위한 권징의 현장입니다. 여기서 더 나아가, 문제가 생길 때 거룩으로 돌이키기 위해 바로 권징을 합니다. 이를 위해 신뢰가 있어야 합니다. 말로만 권징하는 것이 아니라 실제 권징을 합니다. 주안교회는 실제로 진행했습니다. 그리고 권징에 실제로 뛰어드는 자가 직분자입니다.

(4) 심방

주안교회는 성도의 영적인 상태를 살피기 위한 목적으로 심방을 시행합니다. 심방은 예수 그리스도를 믿는 믿음만이 인생 최고의 위안임을 전하는 시간입니다. 주안교회가 실시하는 심방은 목사 심방과 집사 심방으로 구분됩니다. 목사의 심방은 말씀을 믿고 흔들림이 없도록 권면하는 심방입니다. 말씀을 잘 들었는지, 교리적으로 든든한 가운데 서 있는지 확인하고 견고하게 합니다. 집사의 심방은 가정 형편을 돌보며 하나님의 은혜를 삶에서 누리는지를 점검하는 심방입니다. 두 심방 모두 큰 문제가 일어나기 전 치리권이 발동되기 전에 돌보고 예방하는 효과가 있습니다.

(5) 권징(징계)

주안교회는 권징이 교회를 보호하고 교회의 거룩을 고양케 하는 것을 믿고 권징을 시행합니다. 범죄한 교인을 그냥 내버려 두면 안 된다고 생각하기 때문입니다. 명백히 드러난 큰 죄들에 대해 권징하고, 회개하지 않을 때에는 출교도 시행해야 한다고 믿습니다. 부모의 자녀에 대한 징계가 결코 즐겁지 않은 것처럼 교회의 권징도 결코 유쾌하지 않습니다. 그러나 범죄한 형제와 교회의 거룩을 위해 그리고 그리스도의 영광을 위해 권징을 집행합니다. 주안교회는 범죄한 형제에 대해 주님께서 정하신 절차에 따라 주님이 주신 권세로 권징을 시행하고 있으며 언제라도 회개하면 일곱 번씩 일흔 번이라도 용서하며 기쁘게 받아들이고자 하는 마음으로 시행합니다.

저는 오늘 주안교회가 교회 3대 표지를 지키기 위해 무엇을 했는가를 간단히 설명했습니다. 다음 주부터는 각 표지에 대해 더 상세하게 말씀을 전할 예정입니다.

그간 우리 교회는 이 3대 표지가 바르게 드러나는 교회가 되도록 여러모로 애써왔습니다. 이는 교회의 단합을 위한 것이 아니라 참된 교회 됨을 생각하며 우리의 역사 속에서 만들어왔던 것입니다. 15주년이 이제 한 달 앞으로 다가왔습니다. 이렇게 보니 지금까지 이끌어 오신 하나님의 은혜에 감사합니다. 이렇게 참된 교회의 표지가 드러나도록 애써 온 것이 목사 한 명으로 되겠습니까? 절대로 그렇지 않습니다. 그렇기에 수고하고 애써준 주안교회 성도들의 땀방울과 헌신의 눈물에 진심으로 감사합니다. 여러분들은 정말 험난한 상황 가운데서도 그 자리에서 제자로서의 삶을 살아오셨고 지킬 때까지 사람들을 가르치셨습니다. 그런데도 떠난다면 어쩔 수 없었습니다. 그런데 지킬 때까지 가르쳤습니다. 때로는 권징을 받으면서까지 복음을 보호하고 교회를 지킨 자들도 여기에 있습니다. 사랑하는 여러분, 우리 15주년을 맞아 주안교회가 더욱 교회의 면모가 드러나는 교회가 되기를 기도해주시길 부탁드립니다. 지금까지 수고하셨고, 하나님께 영광을 돌립니다.

◆ 미주

1) 로이드 존스 목사는 그의 교리 강좌 시리즈 3편인 『영광스러운 교회와 아름다운 종말』에서 교회의 표지를 아래와 같이 설명한다. "부흥과 각성이 일어난 시기의 역사를 읽어 보십시오. 시대와 관계없이 그런 시기에는 언제나 권징이 두드러지게 시행되었다는 사실을 발견하게 됩니다. 예를 들어, 존 웨슬리에 대해 읽어보십시오. 교회 징계자라고 부를 만한 사람이 있다면 바로 그가 그런 사람이었습니다! 그의 일지에는 더블린에서 열린 속회에 참석하기 위해 교회를 방문한 일이 기록되어 있습니다. 그가 도착했을 때 육백여 명의 사람이 모여 있었습니다. 그는 교인들을 한 명씩 점검하기 시작했으며, 며칠 후 그가 점검을 다 마치자 교인 수는 삼백 명으로 줄어 있었습니다. 때때로 존 웨슬리가 오늘날 다시 돌아온다면 어떻게 행동할지 궁금한 생각이 듭니다."

2) 한완상, 「한국교회 이대로 좋은가」 (서울: 대한기독교출판사, 1982), 12. 박영돈, 「일그러진 성령의 얼굴」 (서울: IVP, 2018), 234. 한완상의 글은 약 40년전의 한국 교회의 위기를 파악했으며, 박영돈의 글은 약 40년이 지난 현재도 위기 상황임을 잘 드러내어 위기에 대해 두권의 저서를 비교했다. 한국교회는 40년 전과 지금 모양과 양상은 다르지만 여전히 위기다.

3) 이영실, "기독교인들이 담임목회자에 대하여 갖는 만족도 조사 연구", 124.

4) 이신건, 「교회에 대한 오해와 이해」 (서울: 신앙과지성사, 2012), 23.

5) 김민순, "존 코튼의 교회 회원 자격에 관한 연구" 석사학위논문, 합동신학대학원 대학교, 2006, 94.

6) 위키백과 https://ko.wikipedia.org/wiki/교회는_항상_개혁되어야_한다, 어거스틴의 주장, 2020-03-11 접속.

7) David Wells, 「거룩하신 하나님」, 윤석인 역 (서울: 부흥과 개혁사, 2007), 107.

8) David Wells, 「용기있는 기독교」, 홍병룡 역 (서울: 부흥과 개혁사, 2010), 62.

9) John F. Macarthur, 「분별력」, 이경미 역 (서울: 엔크리스토, 2007) 50-1.

10) Ibid., 281-2.

11) 홍영기, 「불신자들이 호감 가는 교회」 (서울: 교회성장연구소, 2005), 231.

12) 형식은 변화 하되 내용은 보존하자고 주장하나 결국 내용도 변하게 되었다. Wells, 「용기있는 기독교」, 38-41.

13) 옥성호, 「심리학에 물든 부족한 기독교」 (서울: 부흥과 개혁사, 2007), 18.

14) 이성호, "회원권의 강화가 교회를 튼튼하게 한다: 17세기 회중교회론을 중심으로", 「개혁신학교 교회: 교수논문집」, 28호, 2014년, 252.

15) David Platt, 「래디컬」, 최종훈 역 (서울:두란노, 2011), 103.

16) John F. Kavanaugh, 「소비사회를 사는 그리스도인」, 박세혁 역 (서울: IVP, 2017), 65.

17) Wells, 「거룩하신 하나님」, 115.

18) Wells, 「용기있는 기독교」, 88.

19) White, 「21세기 교회의 순전함 회복」, 12.

20) 홍영기, 「불신자들이 호감가는 교회」 (서울: 교회성장연구소, 2005), 239.

21) 옥성호, 「마케팅에 물든 부족한 기독교」 (서울: 부흥과 개혁사, 2007), 25.

22) 불편한 교회시설이나 불친절함을 개선하려는 노력을 말하는 것이 아니다.

23) Wells, 「용기있는 기독교」, 61.

24) Ibid., 69.

25) Wells, 「거룩하신 하나님」, 125.

26) Wells, 「용기있는 기독교」, 40.

27) Wells, 「용기있는 기독교」, 94.

28) Thom S. Rainer, 「I am a Church Member」, 김태곤 역 (서울: 아가페북스. 2016), 70.

29) 옥성호, 「마케팅에 물든 부족한 기독교」, 39.

30) Wells, 「용기있는 기독교」, 60.

31) Ibid., 72.

32) Ibid., 91.

33) Hauerwas, 「하나님의 나그네 된 백성」, 196.

34) Wells, 「용기있는 기독교」, 252.

35) Michael Griffiths, 「기억상실증에 걸린 교회」, 권영석 역 (서울: 한국기독학생회 출판부 1992), 76.

36) Benjamin L. Gladd, 「하나님나라와 교회생활」, 신윤수 역 (서울: 부흥과 개혁사, 2018), 54-8.

37) Wells, 「용기있는 기독교」, 253.

38) Ibid., 14.

39) Griffiths, 「기억상실증에 걸린 교회」, 13.

40) 맥가브란은 인도선교사로 활동하면서 1930년대에 교회 성장 이론의 주요 원칙들을 공식화했다. Wells, 「거룩하신 하나님」, 107.

41) 허호익, 「교회론」, 한국조직신학회 편 (서울: 대한기독서회, 2009), 495-6.

42) Peter Wagner, 「교회성장전략」, 명성훈 역 (서울: 나단, 1992), 12.

43) Karl Vaters, 「작고 강한 교회」, 조계광 역 (서울: 생명의말씀사, 2018), 21.

44) 교회 성장 전문가인 맥킨토시는 "맥가브란도 '초대형 교회'를 지향하지 않았다"고 말한다. 모든 민족을 제자 삼는 것이 목적이었으나 그의 의도와는 다르게 어느 시점에서 교회성장론의 목적이 바뀌었다고 주장한다.

45) Wells, 「거룩하신 하나님」, 108-11.

46) Ibid., 107-8.

47) Wells, 「거룩하신 하나님」, 110-1.

48) Vaters, 「작고 강한 교회」, 50-1.

49) Peter Wagner, 「교회성장원리」, 권달천 역 (서울: 생명의말씀사, 1997), 147-9.

50) Miles Delos, 「Church Growth: A Mighty River」, (San Diego: Baptist Sunday School Board, 1981), 134.

51) Vaters, 「작고 강한 교회」, 73.

52) Wells, 「거룩하신 하나님」, 111.

53) Ibid., 113.

54) *http://www.newspower.co.kr/14903*, 2019-8-22 접속

55) Wells, 「용기있는 기독교」, 36.

56) Vaters, 「작고 강한 교회」, 21.

57) 옥성호, 「마케팅에 물든 부족한 기독교」, 40.

58) Ibid., 40.

59) 이장로, 「교회경영학」 (서울: 한국장로교출판사, 2016), 41.

60) George Barna, 「마케팅이 뛰어난 교회가 더 성장한다」, 김광점 역 (서울: 베다니출판사, 2002), 37.

61) 박형건, 「교회의 전략경영」 (한국학술정보, 2007), 65.

62) Wells, 「거룩하신 하나님」, 96.

63) 옥성호, 「마케팅에 물든 부족한 기독교」, 42.

64) Vaters, 「작고 강한 교회」, 30.

65) Vaters, 「작고 강한 교회」, 37.

66) Ibid., 93.

67) Ibid., 102.

68) J. R. R.톨킨이 쓴 소설 반지의 제왕에 등장하는 중요한 물건이다.

69) Wells, 「용기있는 기독교」, 36.

70) Griffiths, 「기억상실증에 걸린 교회」, 25.

71) Ibid., 26.

72) 존 번연이 개인주의적 구원관을 가졌다는 말은 아니다. 다만 그의 책에서 구원의 여정을 교회적 존재가 아닌 홀로 외롭게 싸우는 신앙인의 모습이 드러난다.

73) White, 「21세기 교회의 순전함 회복」.10.

74) Griffiths, 「기억상실증에 걸린 교회」, 30.

75) Ibid., 31.

76) Wells, 「용기있는 기독교」, 39.

77) Griffiths, 「기억상실증에 걸린 교회」, 31.

78) Ibid., 31.

79) Ibid., 25.

80) 조엘박, 「맞아죽을 각오로 쓴 한국교회 비판」 (서울: 박스북스, 2008), 15.

81) Ibid., 20.

82) Ibid., 22.

83) Griffiths, 「기억상실증에 걸린 교회」, 129.

84) 가나안이라는 말은 거꾸로 하면 안나가라는 뜻이다. 즉 교회에 다녔고 하나님을 믿지만 현재는 안 나가는 사람이라 스스로 주장한다.

85) *http://www.churchr.or.kr/news/articleView.html?idxno=5320* , 2020-01-10 접속.

86) Gladd, 「하나님나라와 교회생활」, 69.

87) Michael Horton, 「세상의 포로 된 교회」, 김재영 역 (서울: 부흥과 개혁사, 2001), 304.

88) Rainer, 「I am a Church Member」, 70.

89) Wells, 「용기있는 기독교」, 26.

90) Ibid., 347.

91) Timothy Keller, 「당신을 위한 사사기」, 김주성 역 (서울: 두란노, 2015), 207-208.

92) Wells, 「용기있는 기독교」, 346.

93) White, 「21세기 교회의 순전함 회복」, 21.

94) Ibid., 22.

95) Rainer. 「I am a Church Member」. 125.

96) 장수민, 「칼빈의 기독교강요 완전분석」, (서울: 세움북스, 2017), 836.

97) White, 「21세기 교회의 순전함 회복」. 23.

98) John Bright, 「하나님의 나라」, 김인환 역 (서울: 크리스챤다이제스트, 2006), 316.

99) White, 「21세기 교회의 순전함 회복」. 20.

100) Ibid., 21.

101) Johnson and Gleason, 「이머징교회는 교회 개혁인가 교회 변질인가」, 285.

102) 정영균, "웨슬리 교회론에서 본 이미징 셀 그룹 운동 분석 및 한국감리교회 속회 활성화에 관한 연구" 박사학위논문. 아산 호서대학교 대학원, 2017년, 47.

103) Wells, 「용기있는 기독교」, 124.

104) Ibid., 115.

105) White, 「21세기 교회의 순전함 회복」, 49.

106) Wells, 「거룩하신 하나님」, 84.

107) Wells, 「용기있는 기독교」, 129.

108) Ibid., 127.

109) Wells, 「거룩하신 하나님」, 71.

110) Gladd, 「하나님나라와 교회생활」, 51.

111) 결국 하나님께서는 회개치 않는 이스라엘을 버리셨고(떠나셨고), 이스라엘 북왕국과 남왕국은 각각 앗수르(주전 722년)와 바벨론(주전 586년)에 의해 멸망당해 가나안 땅에서 쫓겨났다. 마치 범죄한 아담과 하와가 에덴동산에서 쫓겨난 것처럼 말이다.

112) Gladd, 「하나님나라와 교회생활」, 43.

113) Ridderbos, 「바울신학」, 600-1.

114) Gladd, 「하나님나라와 교회생활」, 51.

115) White, 「21세기 교회의 순전함 회복」. 60.

116) Jonathan Leeman, 「교회의 교인 자격」, 정혜인 역 (서울: 부흥과 개혁사, 2016), 10.

117) Gladd, 「하나님나라와 교회생활」, 46.

118) Wells, 「용기있는 기독교」, 344.

119) 이혁, 「성경적 교회」, 14.

120) White, 「21세기 교회의 순전함 회복」, 22.

121) Leeman, 「교회의 교인 자격」, 11.

122) 이신건, 「교회에 대한 오해와 이해」, 113.

123) Wells, 「거룩하신 하나님」, 34.

124) Küng, 「교회」, 정지련 역 (서울: 한들출판사, 2007), 328.

125) Ibid, 322.

126) 길성남, 「에베소서 어떻게 읽을 것인가」 (서울: 한국성서유니온, 2005), 124.

127) Ridderbos, 「바울신학」, 688

128) Ibid., 664.

129) Gladd, 「하나님나라와 교회생활」, 293.

130) Kevin De Young, 「왜 우리는 지역교회를 사랑하는가?」, 이용중 역 (서울: 부흥과 개혁사, 2011), 12.

131) Gladd, 「하나님나라와 교회생활」, 61.

132) Ibid., 51.

133) White, 「21세기 교회의 순전함 회복」. 238.

134) Küng, 「교회」, 323.

135) Wells, 「용기있는 기독교」, 179.

136) Ridderbos, 「바울신학」, 688.

137) Ibid, 688.

138) Ibid, 679.

139) Howard A. Snyder, 「새로 세워가는 교회 공동체」, 차명호 역 (서울: 미션월드 라이브러리, 2017), 68-9.

140) Küng, 「교회」, 324.

141) Young, 「왜 우리는 지역교회를 사랑하는가?」, 14.

142) Ibid, 13.

143) Ibid., 14.

144) Griffiths, 「기억상실증에 걸린 교회」, 41.

145) White, 「21세기 교회의 순전함 회복」, 73.

146) 정장복, 「예배학 개론」 (서울: 예배와설교아카데미, 1999), 154.

147) 주안교회의 정회원 제도는 교회의 회원 제도를 말하는 것으로, 세례와 세례 서약을 보호하는 일환으로 시행한다. 다른 교회에서 세례를 받은 자가 주안교회를 한 몸으로 받아들여 교회의 관할과 치리에 복종하며 한 몸으로 살아가기를 원할 때, 그의 믿음과 교회론을 점검하여 회원으로 받아들인다. 이때 그의 믿음과 교회론을 점검하고 잘 알도록 돕는 데는 일정한 시간이 소요되기에 이 과정에 있는 사람을 준회원으로 칭한다. 그리고 이미 회원이 된 사람을 정회원으로 구분하여 호칭한다.

148) 이성호, 『성찬』 (서울: 그라티아, 2016) 18.

149) Robert J. Banks, 『1세기 교회 예배 이야기』, 신현기 역, (서울: IVP), 29-68.

150) 조나단 리먼, 「교회의 권징」, 부흥과개혁사(2016), p.72

151) 「기독교강요」, Ⅳ, 12.1

152) H.A. 스나이더, 조종남 역, 『혁신적 교회갱신과 웨슬레_교회갱신의 한 패턴』 (대한기독교출판사, 1991), p.80

153) 토마스 화이트 외, 조동선 역, 『21세기 교회의 순전함 회복』 (누가; 2016), p.35-36

◈ 참고문헌

1. 단행본

길성남. 「에베소서 어떻게 읽을 것인가」. 서울: 한국성서유니온, 2005.

박영돈. 「일그러진 성령의 얼굴」. 서울: IVP, 2018.

박용규. 「초대교회사」. 서울: 한국기독교사연구소, 2016.

박형건. 「교회의 전략경영」. 서울: 한국학술정보, 2007.

양낙홍. 「조나단 에드워즈의 생애와 사상」. 서울: 부흥과 개혁사, 2003.

옥성호. 「마케팅에 물든 부족한 기독교」. 서울: 부흥과 개혁사, 2007.

─────. 「심리학에 물든 부족한 기독교」. 서울: 부흥과 개혁사, 2007.

이원규. 「한국교회의 현실과 전망」. 서울: 성서연구사, 1994.

이장로. 「교회경영학」. 서울: 한국장로교출판사, 2016.

이혁. 「성경적 교회」. 서울: 한책의사람, 2015.

장기영, 「개신교 신학의 양대 흐름」. 부천: 웨슬리 르네상스, 2019.

장수민. 「칼빈의 기독교강요 완전분석」. 서울: 세움북스, 2017.

조동선. 「침례교 신학총서」. 서울: 요단출판사, 2019.

조엘박. 「맞아죽을 각오로 쓴 한국교회 비판」. 서울: 박스북스, 2008.

조종남. 「요한웨슬레의 신학」. 서울: 대한기독교서회, 2010.

허호익. 「교회론」. 한국조직신학회. 서울: 대한기독서회, 2009.

홍영기. 「불신자들이 호감가는 교회」. 서울: 교회성장연구소, 2005.

─────. 「교회 선택의 조건」. 서울: 교회성장연구소, 2004.

최윤배. 「교회론」. 한국조직신학회. 서울: 대한기독서회, 2009.

Anyabwile, Thabiti M. 「건강한 교회 교인의 10가지 특징」. 송용자 역. 서울: 부흥과 개혁사, 2010.

Barna, George. 「마케팅이 뛰어난 교회가 더 성장한다」. 김광점 역. 서울: 베다니출판사, 2002.

Bright, John. 「하나님의 나라」. 김인환 역. 서울: 크리스챤다이제스트, 2006.

Clowney, Edmund. 「교회」. 황영철 역. 서울: IVP. 1995.

DeYoung, Kevin. 「왜 우리는 이머징교회를 반대하는가」. 이용중 역. 서울: 부흥과
개혁사, 2010.

――――. 「왜 우리는 지역교회를 사랑하는가?」. 이용중 역. 서울: 부흥과 개혁사, 2011.

Dever, Mark. 「건강한 교회의 9가지 특징」. 이용중 역. 서울: 부흥과 개혁사, 2007.

Gladd, Benjamin L. 「하나님의 나라와 교회생활」. 신윤수 역. 서울: 부흥과 개혁사, 2018.

Griffiths, Michael. 「기억상실증에 걸린 교회」. 권영석 역. 서울: 한국기독학생회출판부,
1992.

Hauerwas, Stanley and William H, Willimon. 「하나님의 나그네 된 백성」. 김기철
역. 서울: 복있는사람, 2018.

Hippolytus, 「사도전승」. 이형우 역. 경북: 분도출판사, 1992.

Horton, Michael. 「세상의 포로 된 교회」. 김재영 역. 서울: 부흥과 개혁사, 2001.

Kavanaugh, John F. 「소비사회를 사는 그리스도인」. 박세혁 역. 서울: IVP, 2017.

Keller, Timothy J. 「당신을 위한 사사기」. 김주성 역. 서울: 두란노, 2015.

Küng, Hans. 「교회란 무엇인가」. 이홍근 역. 경북: 분도출판사, 1994.

――――. 「교회」. 정지련 역. 서울: 한들출판사, 2007.

Leeman, Jonathan. 「교회의 교인 자격」. 정혜인 역. 서울: 부흥과 개혁사, 2016.

――――. 「교회의 권징: 예수님의 이름을 보호하는 교회」. 정혜인 역. 서울: 부흥과 개
혁사.2016.

Macarthur, John F. 「분별력」. 이경미 역. 서울: 엔크리스토, 2007.

Platt, David. 「래디컬」. 최종훈 역. 서울: 두란노, 2011.

Rainer, Thoms. 「I am a Church Member」. 김태곤 역. 서울: 아가페북스. 2016.

――――. 「누가 내 강대상을 옮겼나」. 정성묵 역. 서울: 두란노, 2017.

Ridderbos, Herman. 「바울신학」. 박문재 역. 서울: 솔로몬, 2017.

Snyder, Howard A. 「새로 세워가는 교회 공동체」. 차명호 역. 서울: 미션월드라이브
러리, 2017.

Vaters, Karl. 「작고 강한 교회」. 조계광 역. 서울: 생명의말씀사, 2018.

Wagner, Peter. 「교회성장전략」. 명성훈 역. 서울: 나단, 1992.

Wells, David. 「거룩하신 하나님」. 윤석인 역. 서울: 부흥과 개혁사, 2007.

──────. 「용기있는 기독교」. 홍병룡 역. 서울: 부흥과 개혁사, 2010.

──────. 「제자훈련」. 김태형 역. 서울: 부흥과 개혁사, 2017.

White Thomas, Jason G, Duesing and Malcolm B, Yarnell. 「21세기 교회의 순전함 회복」. 조동선 역. 서울: 누가출판사, 2016.

Wiley, Orton H. and Culbertson. 「웨슬리안 조직신학」. 전성용 역. 서울: 세복. 2016.

2. 학술지와 논문

김민순. "존 코튼의 교회 회원 자격에 관한 연구"석사학위논문. 합동신학대학원대학교, (2006)

김재완. "새신자의 정착을 위한 방안으로서 세례언약 재확인 예식" 석사학위논문. 서울 장로회신학대학교 목회전문대학원, (2017)

김정호. "교회 가족공동체에서 신앙적 부모-자녀 관계를 통한 양육" 박사학위논문. 침례신학대학교 목회신학대학원, (2017)

이성호. "회원권의 강화가 교회를 튼튼하게 한다 : 17세기 회중 교회론을 중심으로". 「개혁신학교 교회: 교수논문집」, Issue 28, (2014)

이영실. "기독교인들이 담임목회자에 대하여 갖는 만족도 조사 연구" 박사학위논문. School of Theology and Mission, Oral Roberts University, (2000)

정두성. "초대교회 세례준비자(Catechumen) 교육과 한국교회에의 함의점". 「갱신과 부흥」 Vol 21, 고신대학교 개혁주의학술원, (2018)

정영균. "웨슬리 교회론에서 본 이미징 셀 그룹 운동 분석 및 한국감리교회 속회 활성화에 관한 연구" 박사학위논문. 아산 호서대학교 대학원, (2017)

Wood Joseph. "Baptism and Membership in The Church of The Nazarene". An Honest Consideration. Wesleyan Theological Journal, 2017, 52권, 2호, 133-47.

3. 기타자료

박영철. "그리스도의 주재권을 강조하는 복음전도," 「복음과 실천」, 30집(2002 가을)

손봉호. "한국교회 위기를 넘어 미래로!; 목회자들의 위기의식과 대처방안". 「월간목회」,(2018년 12월)

이혁, 「구속사」 서울: 말씀선교센터, 2019, 비간행물.

조동선. "때와 시기에 관한 소고; 새 언약공동체로서의 교회". 「뱁티스트」, (2017년 05.06월)

———. "언약공동체로서의 교회- 침례교회의 언약적 교회론 발달". 「뱁티스트」, (2017년 07.08월)

———. "언약공동체로서의 교회; 언약공동체로서의 교회멤버십". 「뱁티스트」, (2017년 09.10월)

———. "언약공동체로서의 교회; 지역교회가 교회 언약을 통한 멤버십을 어떻게 실현할 수 있을까?". 「뱁티스트」, (2017년 11.01)

피영민. "교회회원의 특권". 「월간목회」, (2013년 2월)

Sande, Ken. "교회 멤버십을 진지하게 받아들여라." 「목회와 신학」, (2005년 7월)

가능한 교회

발　행 | 2022년 03월 11일
저　자 | 엄명섭 목사와 주안교회 성도
편집인 | 유영미
디자인 | 브릿지디자인 정선주

펴낸이 | 한건희
펴낸곳 | 주식회사 부크크
출판사등록 | 2014.07.15.(제2014-16호)
주　소 | 서울특별시 금천구 가산디지털1로 119 SK트윈타워 A동 305호
전　화 | 1670-8316
이메일 | info@bookk.co.kr

ISBN | 979-11-372-7668-0

www.bookk.co.kr